예비 한국어 교원을 위한

한국어 문법론

예비 한국어 교원을 위한

한국어 문법론
Korean Grammar for Preliminary Korean Teachers

초판 발행 | 2020년 03월 10일

저 자 | 조형일
편 집 | 곽승훈
디자인 | 김현지
펴낸이 | 최도욱
펴낸곳 | 소통
주 소 | 서울시 구로구 구로동 대림두산베어스타워 604호
전 화 | 070-8843-1172
팩 스 | 0505-828-1177
이메일 | sotongpub@gmail.com
블로그 | http://blog.daum.net/dwchoi
가 격 | 15,000원

잘못된 책은 바꾸어 드립니다.
이 책의 내용은 저작권법에 따라 보호받고 있습니다.

ISBN 979-11-86453-84-1 93710

이 도서의 국립중앙도서관 출판예정도서목록(CIP)은 서지정보유통지원시스템 홈페이지 (http://seoji.nl.go.kr)와 국가자료공동목록시스템 (http://www.nl.go.kr/kolisnet)에서 이용하실 수 있습니다.

(CIP제어번호:CIP2020007807)

쉽게 읽히는 소통의 책

예비 한국어 교원을 위한

한국어 문법론

Korean Grammar
for Preliminary Korean Teachers

조형일

디딤

이 책은 한국어 문법론이다.

'-론(論)'이란 해당 영역에서 자신이 주장하는 바를 밝혀 적은 것이다.
그러므로 이 책은 한국어 문법에 관한 기본적인 지식에 저자의 주장을 더한 형식을 취하고 있다.

이 책은 **예비 한국어 교원**을 위한 **한국어 문법론**이다.

그래서 여타의 문법서와는 다르게 핵심 내용을 간결하고 쉽게 풀어쓰려 노력했으며, 책의 곳곳에 문법 지식이 어떻게 한국어 교육 현장과 연결되는지를, 저자가 지닌 생각을 적어두려고 애썼다. 특히 제2부는 문법이 말과 글의 차원에서 어떻게 분석되고 적용되고 관계되는지를 논하고 있다.

이 책을 통해서 여러분은 제한적이나마 학교문법 수준에서 합의된 한국어 문법 내용을 하나하나 확인해 가면서 이해하고 그것이 한국어교육 현장에서 어떠한 방식으로 적용되어야 하는지를 가늠해볼 수 있을 것이다.

책의 내용은 13강으로 구성했다, 이는 보통 15주로 이루어지는 한국어 교원 교육 프로그램의 강의 상황을 고려한 것이다.

*이 책은 저자의 저술인 『한국 어문 규범(2017)』과 『한국어 교실 수업의 원리와 실제(2012, 2015, 2020)』 및 여러 편의 논문에 기초하고 있다.

2020년 1월

學佳軒에서

조형일

차례

제1부 보편적 개념으로서 한국어 문법

낱말의 문법

1. 낱말의 개념과 품사 | 12쪽
    - 1.1. 낱말과 품사 ·· 12
    - 1.2. 품사별 성격과 내용 ·· 16
2. 낱말의 구성 요소와 유형 | 25쪽
    - 2.1. 낱말을 구성하는 형태소 ·· 26
    - 2.2. 낱말의 유형: 합성어와 파생어 ·· 30
3. 낱말과 소리 | 35쪽
    - 3.1. 낱말과 음절 ·· 35
    - 3.2. 낱말과 음운 변동 ·· 42
4. 낱말과 문장 | 47쪽
    - 4.1. 홑문장의 구성과 낱말의 변화(활용) ································ 47
    - 4.2. 겹문장의 구성과 낱말의 변화(활용) ································ 52

문장의 문법

5. 의향법과 종결법 | 58쪽
    - 5.1. 문장 성분과 의향법 ·· 58
    - 5.2. 문장 성분과 다양한 종결 양상 ·· 62
6. 시제와 종결법 | 67쪽
    - 6.1. 시제를 드러내는 다양한 요소 ·· 68
    - 6.2. 종결에 관계하는 다양한 요소 ·· 72

7. 부정법 | 80쪽

    7.1. 부정의 양상: 의도 부정과 능력 부정 ······················ 81

    7.2. 부정의 양상: -지 말다 부정 및 부정극어 ················ 85

8. 사동법과 피동법 | 90쪽

    8.1. 사동의 구성 원리와 방식 ······································ 92

    8.2. 피동의 구성 원리와 방식 ······································ 97

9. 높임법 | 101쪽

    9.1. 높임의 유형과 실현 방식 ······································ 102

    9.2. 어휘적 높임과 통사적 높임 ··································· 106

제2부 언어 기능의 가교로서 한국어 문법

말과 글의 문법

10. 하는 말과 문법 | 114쪽

    10.1. 말하기와 구어적 표현으로서 문법 1 ······················ 114

    10.2. 말하기와 구어적 표현으로서 문법 2 ······················ 122

11. 듣는 말과 문법 | 129쪽

    11.1. 듣기와 구어적 이해로서 문법 ································ 129

    11.2. 듣기와 관련된 구어 이해 문법 실현 양상 ·············· 139

12. 쓰는 글과 문법 | 149쪽

    12.1. 문어적 표현으로서 문법 1 ···································· 149

    12.2. 문어적 표현으로서 문법 2 ···································· 156

13. 읽는 글과 문법 | 170쪽

    13.1. 문어적 이해로서 문법 1 ······································ 170

    13.2. 문어적 이해로서 문법 2 ······································ 178

제1부

보편적 개념으로서

한국어 문법

제1부는 한국어 문법을 오롯이 학교 문법의 차원에서 정리한 것이다.
이에서 우리는 낱말과 문장의 문법을 확인할 수 있을 것이다.

가장 기본적인 소양을 갖추는 것이 목적이므로
최소한의 설명으로 최대한의 내용을 접할 수 있도록 구성했다.

이에서는 여러 주장이 대두될 수 있는 '론(論)'은 최대한 배제했다.

낱말의 문법

1. 낱말의 개념과 품사
2. 낱말의 구성 요소와 유형
3. 낱말과 소리
4. 낱말과 문장

1. 낱말의 개념과 품사

> **생각쪽지**
> 1. 다음 문장은 몇 개의 낱말로 이루어졌는지 생각해 보자.
>   - 우리는 오늘부터 한국어 문법론을 공부하게 되었다.
> 2. 이 문장에 쓰인 낱말 중 성격이 비슷한 것끼리 묶어 보자.

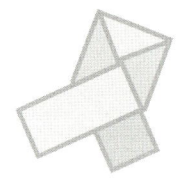

1.1. 낱말과 품사

낱말(단어)는 의미를 가진 최소의 단위를 말한다. 우리말에서는 품사의 단위와 낱말의 단위가 일치한다.[1]

낱말을 어떤 기준에 따라서 분류해 놓은 것을 **품사**라고 한다. 그러므로 **품사**란 단어를 내용과 기능 등에 따라서 분류해 놓은 것을 말한다.

체언	명사	대명사	수사
용언	동사	형용사	
수식언	관형사	부사	
관계언	조사		
독립언	감탄사		

우리말의 품사는 이에서 보이듯 모두 9개다. 내용과 기능에 따라서 체언, 용언, 수식언, 관계언, 독립언으로 크게 구분했다.

체언(體言)에는 '명사, 대명사, 수사'가 있다. 이들은 주로 명칭이나 관념을 표현한다. 우리말의 내용어 대부분이 이에 속한다. 용언(用言)에는 '동사와 형용사'가 있다. 이들은 활용(活用)이라는 것을 특성으로 한다. 용언에 대한 이해는 아무리 해도 부족하지 않으니 다른 것들을 보기 전에 조금만 더 살펴보기로 하자.

---

[1] 낱말과 단어(單語)는 같은 말이다. 국립국어원 홈페이지에서 제공하는 표준국어대사전을 찾아보면 낱말02=단어로 설명하고 있다. 그런데 단어를 찾아보면 단어≒낱말처럼 되어 있다. 이건 왜일까? 이 책에서는 여러분들이 자연스럽게 익히게 하기 위해서 낱말과 단어의 개념을 구분하지 않고, 딱히 어떤 기준 없이, 섞어 썼다.

다음 표를 우선 보고 가자.[2)]

동사/형용사	-아서/어서	-아야/어야	-(으)니까	-느라고	-는데/(으)ㄴ데
가다 (동)	가서	가야	가니까	가느라고	가는데
오다 (동)	와서	와야	오니까	오느라고	오는데
먹다 (동)	먹어서	먹어야	먹으니까	먹느라고	먹는데
예쁘다 (형)	예뻐서	예뻐야	예쁘니까	*예쁘느라고	예쁜데
높다 (형)	높아서	높아야	높으니까	*높으느라고	높은데
빠르다 (형)	빨라서	빨라야	빠르니까	*빠르느라고	빠른데

동사는 말 그대로 움직임을 나타난 것들이다. 이 표에서 '가다, 오다, 먹다'가 그렇다. 형용사는 형태나 모양을 나타낸 것이다. '예쁘다, 높다, 빠르다'가 그렇다. 이들의 공통점은 무엇인가? 맞다. 모두 '-다'로 끝났다. 동사 '가다, 오다, 먹다'에서 의미를 담고 있는 부분은 사실 '가-, 오-, 먹-'이다. 형용사는? 그렇다. '예쁘-, 높-, 빠르-'이다. 이렇게 의미를 가지고 있는 부분을 우리는 '어간'이라고 한다. 표를 다시 보자. '-다'의 자리에 '-아서/어서, -어야/아야' 등이 붙였다. '가다'에 '가서, 가야, 가니까…'를 붙여서 그냥 가는 게 아니라 어떤 기능을 더해주고 있다. 이걸 '활용했다'라고 한다.

'활용'이란 '용언'인 동사와 형용사가 변화하는 현상을 일컫는다. 그래서 모두 '용(用)'자를 썼다. '가다, 오다, 먹다'와 같은 동사와 '예쁘다, 높다, 빠르다'와 같은 형용사는 실제 대화, 문장의 구성에서 활용이라는 걸 해서 쓰게 된다. 그냥 '나 저기에 가다. 저 건물이 참 높다.'처럼 쓰지 않고 '나 저기에 가야 해. 저 건물이 참 높죠?'처럼 다양한 것들을 붙여서 말한다는 얘기다.[3)] 이때 앞서 말했듯 변하지 않는 부분을 **'어간(語幹)'**이라고 하고 변하는 부분을 **'어미(語尾)'**라고 한다. 상세하게 다시 살펴보자.

동사와 형용사에서 '-다'를 지워 보자. '가다, 오다, 먹다, 예쁘다, 높다, 빠르다'에서 '-다'를 지우면 '가/오/먹/예쁘/높/빠르-'가 남는다. 이때 단어의 기본형을 만들어 주는 '-다'를 **'어미'**라고 한다. 이 자리에 쓰이는, 문장에서 기능적

---

2) 책의 앞부분에도 적어두었지만 이 표는 물론 이하 낱말과 문장의 문법 부분은 조형일(2017)에서 수정 재인용했다.
3) 형용사는 '그 사람 참 멋있다. 난 봄이 참 좋다.'처럼 자신이 느낀 감정을 이야기할 때 '-다'로 끝나는 형태를 쓴다. 동사는 표어처럼 객관화된 느낌을 주려 할 때 '겨울, 벌써 오다. ○○○ 씨 검찰 포토라인에 서다.' 등의 예처럼 쓴다.

의미를 부가해 주는 '-아서/어서, -아야/어야'등도 모두 **어미**가 된다. 그러니까 **어미**는 '가/오/먹/예쁘/높/빠르-'에 붙어서 '의미 또는 문법적인 기능을 더해 주는 것'이 된다.

그렇다면 '가/오/먹/예쁘/높/빠르-'는 뭐라고 부를까? 맞다! 요건 뜻을 가진 부분이 되니까 '**말의 줄기**'라는 의미로 '**어간(語幹)**'이라고 한다. 간은 줄기 간(幹) 자이다. 꼬리 미(尾) 자가 붙은 '**어미(語尾)**'는 당연히 '**말의 꼬리**'라는 뜻이다.

지금까지 체언과 용언을 간단하게나마 살펴봤다. 이제 다른 것들도 마저 정리해 보자.

수식언(修飾言)은 말 그대로 수식 즉, 꾸며주는 기능을 주로 하는 것이다. '관형사와 부사'가 있다. 관형사는 체언을 꾸며주고 부사는 주로 용언을 꾸며 준다. 이들은 뒤에서 다시 이야기하자. 이들 외에 가장 중요한 낱말 류가 조사이다. 조사는 문법적 관계를 나타내주는 **관계언(關係言)**에 해당한다. 낱말의 범주에 들어가 있지만 문법적 구성을 나타내는 가장 중요한 요소이기 때문에 내용어가 아닌 기능어로 이해하면 된다. 이것도 뒤에서 상세하게 살펴보기로 하자.

독립언(獨立言)은 '어머, 아, 오, 예, 네, 아니요'처럼 단독으로 쓰이는 몇 개 안 되는 '감탄사'를 말한다.

자, 다시 이 표를 앞글자만 빨리 읽어 보자. '명, 대, 수, 동, 형, 관, 부, 조, 감' 일단 역삼각형을 이루면서 이들 아홉 개를 외우고 가자.

간단 정리

품사란 단어의 추상적 집합이다. 이들은 기능과 내용에서의 차이들을 기준으로 삼아 구분한 것이다. '명, 대, 수, 동, 형, 관, 부, 조, 감' 이들 각각에 대한 세밀한 정보를 조금 더 얹어 가면 된다.

체언	명사	대명사	수사
용언	동사	형용사	
수식언	관형사	부사	
관계언	조사		
독립언	감탄사		

1. 낱말은 의미를 가진 최소 단위이다.
2. 체언(體言)에는 '명사, 대명사, 수사'가 있다.
3. 활용(活用)이라는 것을 하는 용언(用言)에는 '동사와 형용사'가 있다.
4. 꾸며주는 기능을 주로 하는 수식언(修飾言)에는 '관형사와 부사'가 있고, 문법적 관계를 나타내주는 관계언(關係言)인 '조사'가 있다.
5. 독립언(獨立言)은 '어머, 아, 오, 예, 네, 아니오'처럼 단독으로 쓰이는 몇 개 안 되는 '감탄사'를 말한다.

1. 낱말의 개념과 품사

> **생각쪽지**
> 1. 다음 문장은 몇 개의 품사로 이루어졌는지 생각해 보자.
>   - 우리는 오늘부터 한국어 문법론을 공부하게 되었다.
> 2. 이 문장에 쓰인 품사 중 성격이 비슷한 것끼리 묶어 보자.

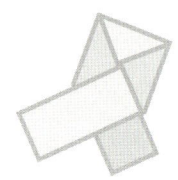

1.2. 품사별 성격과 내용

앞서 이야기 나눴듯이 **품사**란 단어를 내용과 기능 등에 따라서 분류해 놓은 것을 말한다. 우리말의 품사는 앞서 보았듯 모두 9개다. 다음 표의 빈 자리[4]를 채워 보자.

주로 명칭이나 관념을 표현하는 체언(體言)에는 '명사, 대명사, 수사'가 있고, 활용(活用)이라는 것을 하는 용언(用言)에는 '동사와 형용사'가 있다. 꾸며주는 기능을 주로 하는 수식언(修飾言)에는 '관형사와 부사'가 있고, 문법적 관계를 나타내주는 관계언(關係言)인 '조사'가 있다. 독립언(獨立言)은 '어머, 아, 오, 예, 네, 아니요'처럼 단독으로 쓰이는 몇 개 안 되는 '감탄사'를 말한다. 각각의 품사가 어떤 성격을 지니고 있는지 조금 더 상세하게 알아보기로 하자.

체언의 성격

체언에는 명사, 대명사, 수사가 있다. 명사는 이름을 나타낸다. 책, 고양이,

---

[4] 사전을 찾아보면 '빈자리'는 한 단어로 나온다. 하지만 그때의 '빈자리'는 「1」사람이 앉지 아니하여 비어 있는 자리'또는 「2」결원으로 비어 있는 직위'를 말한다. 여기에 쓰인 '빈 자리'는 자릿값이 비어 있는 것을 말한다. 띄어 쓰는 것이 옳다.

철수, 사람, 사랑 따위가 모두 명사다. 이중에 의지가 있는 것 즉, 철수, 사람, 고양이는 유정명사(有情名詞)이고 책은 무정명사(無情名詞)다. 모든 동물은 정(情)을 지녔다. 그런데 사랑, 우정, 슬픔[5]은? 유정과 무정으로 구분하지 않는 추상명사(抽象名詞)다. 이처럼 명사는 그 성격에 따라서 다양하게 구분할 수 있다. 그 다양함까지는 알 필요 없을 듯하다. 우리가 알아야 하는 건 이것들이 조사와 결합하는 조건이다.

하나의 **세계**는 **너**와 **나**의 **꿈**이 맞닿아 있는 **관계**의 **섬**이다.

이 문장에 쓰인 체언은 '하나: 수사', '세계, 꿈, 관계, 섬: 명사', '너, 나: 대명사'이다. 이들은 각각 '의, 는, 와, 이, 이다' 등의 조사와 결합하여 문장에서 각각 성분으로 기능한다.
여기에서 우리는 '의미를 담고 있는 단위로서, 체언은 조사와 결합한다.'를 기억하면 된다.[6]

의존 명사 의존 명사(依存 名詞)란 명사는 명사인데 홀로 못 쓰이고 의존적으로 쓰이는 것을 말한다. '것, 바, 체, 줄, 수' 등처럼 문장에서 명사의 자리를 차지하기는 하는데 혼자 쓰기 어려운 거, 뭐 그런 거다. 별것도 아니다.
의존 명사는 그 의미가 형식적이기 때문에 홀로 못 쓰이는 것이다. 다음을 보자.

그 사람은 허우대만 멀쩡할 **뿐** 생각**이라든지** 자존심**이라든지** 무엇 하나**라도** 제대로 갖추기는**커녕** 모자란 **것**투성이어서 밥값**이나** 할 **수** 있을지는 모르겠다. 머리끝**부터** 발끝**까지** 생긴 **것**이나마 괜찮아 보이는 **것**뿐, 만나는 사람**마다** 얼마 되지 않아서 곧 불편하다고 한마디씩 하는데, 나**마저도** 성인**처럼** 이해해 주지 않으면 안 될 **것** 같은 인생**이다**. 안 **지** 10일 **만에** 정**이** 떨어졌다.

---

5) 이건 형용사 '슬프다'의 명사형이기는 하다.
6) '섬이다'에서 '이다'는 조사다. 이걸 학교문법에서는 '서술격 조사'라고 부른다. 그런데 이건 '이다, 이고, 이니'처럼 활용도 하는 이상한 녀석이다. 어쩔 수 없다. 요것 하나만 일단 그냥 외우고 가자.

조사는 회색으로 처리했다. 색을 다르게 표시한 것은 모두 의존 명사가 된다. '것'이나 '줄, 수, 체, 양' 등은 매우 확실하게 기억할 수 있지만 앞서 언급한 '멀쩡할 뿐/것뿐'은 물론이고 '안 지 10일 만에'역시 각각 '있을지는'과 '허우대만'과 그 모양은 같은데 띄어쓰기가 다른 것을 볼 수 있다. 이들은 형태만 같을 뿐 그 의미와 기능이 다르기 때문에 나타나는 현상이다. '~ 하는데 (좋았다)'와 '~ 하는 데에 있어서'도 그렇다. '하는데'의 '-는데'는 '하다'의 어간 '하-'에 붙은 어미다. '하는 데'의 '데'는 '곳, 장소, 일, 것, 경우' 등의 뜻을 의미하는 의존 명사다.

용언의 성격

앞서 보았듯 용언에는 동사와 형용사가 있다. 동작을 나타내는 동사에는 '가다, 오다, 먹다, 사귀다'의 형태로 이루어진 것도 있고, '합격하다, 승진하다, 공부하다, 사랑하다'처럼 명사에 '하다'라는 접사[7]가 붙어서 생긴 것도 있다. 형용사는 말 그대로 상태나 모양 등을 나타내는 표현이다. 형용사에는 '슬프다, 기쁘다, 예쁘다, 좋다, 작다, 크다, 노랗다' 등이 있다. 이 역시 '건강하다, 편안하다'처럼 명사에 '하다'라는 접사를 붙여서 만든 것도 있다.

동사와 형용사를 구분하는 법은 간단하다. 어미 '-는'을 붙여서 활용이 되면 동사다. 형용사는 '-는' 활용이 되지 않는다. 이들 용언은 앞서 배웠던 것처럼 의미를 담고 있는 어간과 기능을 담당하는 어미로 구분할 수 있다. 중요한 것은 어떤 어미가 붙느냐에 따라서 문장에서 그 기능이 달라진다는 것이다.

문장에서 동작과 상태는 왜, 어느 때에, 어떻게 표현해야 하는가 생각해 보자. 변화하거나 존재하는 현상에 대한 이야기를 하고자할 때 동사와 형용사를 쓴다. 그러므로 이들은 사물의 속성을 나타내거나 본질을 규명하거나 그들의 방향성을 이야기할 때 쓴다. 다시 말해서 체언의 속성을 기술하거나 체언의 본질을 규명하거나 방향성을 이야기할 때 쓴다. 그러므로 문장에서 동사와 형용사는 서술성에서 벗어날 수 없다. 그리고 이때 서술의 방향은 어미가 결정한다.

---

7) 접사(接辭): 어떤 단어 앞이나 뒤에 붙어서 뜻을 첨가하는 요소를 말한다. 품사를 바꾸는 역할을 하기도 한다.

수식언의 성격

 별거 없다. 관형사와 부사는 각각 체언과 용언을 풍성하게 해 준다. '이, 그, 저, 그런, 다른, 무슨, 어떤, 한, 두, 세, 열, 첫째, 몇, 모든, 여러' 등이 모두 관형사다. 요것들은 혼자서 못 쓴다. 반드시 뒤에 체언이 와야 한다. 그러니까 당연히 조사와도 결합하지 못한다. 부사는 '아주, 매우, 많이, 굉장히' 등을 일컫는데 서술성을 풍요롭게 해 주는 성격을 지닌다. 용언을 꾸며준다는 얘기다. 부사에도 조사는 붙을 수 없다. 그러나! 격조사만 그렇다. 보조사는 붙을 수 있다(예; 많이**도**).

관계언의 성격

 문법적 관계를 나타내는 조사는 격조사와 보조사로 크게 나눌 수 있다. - 음... 조금 어려운 개념이 될 터인데, 살살 차근차근 읽어가기로 하자. 지금 이 개념은 후에 문장 성분과 통사적 구성을 이해할 때 반드시 필요한 것이다. 피하기 어렵다.

 격조사는 주격조사(主格助詞), 관형격조사(冠形格助詞), 부사격조사(副詞格助詞), 보격조사(補格助詞), 서술격조사(敍述格助詞), 호격조사(呼格助詞)가 있다. 다음을 간단히 살펴보자.

주격조사 문장 안에서, 체언이, 서술어의 주어로 쓰일 때 표시한다. '이/가', '께서', '에서' 따위로 실현된다.
 예) 이 사람이 책임자이다.
  그녀가 옳았다.
  학교에서 운동회를 연다.

관형격조사 체언(명사 대명사 수사) 앞에서 꾸며 주는 역할을 한다. 소유격 조사·속격 조사라고도 한다. '의'에 의해서 실현된다.
 예) 이 사진 속의 사람이 책임자이다.
  나의 그녀가 옳았다.
  동생의 학교에서 운동회를 연다.

목적격조사 체언이 서술어의 목적어로 쓰일 때 표시한다. '을/를'이 있다.
　예) 철수가 밥을 먹었다.
　　　그녀가 차를 마신다.

부사격조사 체언을 부사어로 만드는 조사이다. '에', '에서', '(으)로', '와/과'[8], '보다' 따위가 있다.
　예) 학교에 간다.
　　　식당에서 밥을 먹었다.
　　　어디로 갈까?
　　　개는 늑대와 비슷하다.

서술격조사 체언이나 체언 구실을 하는 말 뒤에 붙어서 서술어를 만드는 격조사. '이다'가 있다.[9]
　예) 이 사람이 책임자이다.

보격조사 체언을 보어로 만들어 주는 격조사. '되다', '아니다' 앞에 있는 것만을 일컫는다.
　예) 철수는 위대한 학자가 되었다.
　　　그는 보통 인물이 아니다.

호격조사 체언을 부르는 자리에 쓰인다. 이때 체언을 독립어로 만든다.[10]
　예) 영숙아. 철수야!

---

8) 접속조사와 헷갈리지 말자. 접속조사는 두 단어를 같은 자격으로 이어 주는 구실을 하는 조사를 말한다. '와', '과', '하고', '(이)나', '(이)랑' 따위가 있다. '개와 고양이가 있다. 너하고 내가 아니면 누가 지키랴.' 이때에는 부사격조사가 아니라 접속조사가 된다.
9) 요결 학교문법이 아닌 국어학 일각에서는 '지정사'라고 부르기도 한다. 이렇게 되면 품사가 하나 더 생기게 된다(필자는 찬성 측.).
10) 독립격 조사(獨立格助詞)라고도 부른다.

이들 격조사는 격을 나타내는 자리에 적절하게 잘 쓰여야 한다. 그런데 우리는 생각보다 자주, 흔히 잘못 쓰는 경우가 있다.

'가정**의** 평안함'을 바랄 자리에 '가정**에** 평안함'을 쓰거나
'타**의** 추종을 불허'할 자리에 '타**에** 추종을 불허하기'도 한다.

모두 틀린 거다. '약사**와 상의**'하거나 '약사**에게 문의**'해야 하는데 '약사**에게 상의**'하기도 하고 '약사**와 문의**'하기도 한다. 이 역시 틀린 거다.
'제품**들을 수출**'해야 하는데 '제품**들로 수출**'하기도 하고, '***자격으로서***' 이야기해야 할 자리에 '***자격으로써***'처럼 잘못 이야기하기도 한다.

조금만 더 알아보자. '집으로 갈 때(향함)'와 '집에 갈 때(목적)'는 다르다. 그러니 사실 '어떻게 집으로 갔는지 모르겠다.'는 틀린 문장이 된다. '으로'는 향하는 것이고 '에'는 처소이자 진행 방향을 나타내는 격조사다.

이처럼 조사는 품사의 하나로서 문장에서 문법적인 관계를 나타내는 기능을 한다. 우리말에서 조사의 쓰임은 매우 중요하다. 그런데 한국어는 글을 쓸 때에는 조사를 거의 채워 넣지만 말을 할 때에는 대부분 생략하는 양상을 보인다. 그래서 조사를 어려워하는 것이다.

조사(助詞)란, 품사의 하나로서 체언(명사, 대명사, 수사)이나 부사, 어미 따위의 뒤에 붙어서 문법적 관계를 나타내거나 뜻을 분명하게 만들어 주는 것이다. 어떤 한 문장이 있다. 이때 문장을 구성하는 성분을 우리는 주어, 목적어, 서술어 등으로 나눌 수 있다. "나(는) 오늘 점심(을) 일찍 먹었다."에서 "나"는 주어, "점심"은 목적어, "먹었다"는 서술어로 쓰였다. 이쯤은 이제 안다. 여기에서 주어 "나"를 주어답게 만들어 주는 역할을 하는 "-는"이 바로 주격 조사가 되고, "점심" 뒤에 붙어 있는 "-을"은? 그렇다. 목적격 조사가 된다. 조사는 조사인데 주어를 만들어 주는 조사는 주격 조사이고, 목적어를 만들어 주는 조사는 목적격 조사다. 이런 걸

격조사라고 한다. 격을 만들어 주는 것이어서 이름이 그렇다. 당연하다. 그렇다면 보조사(補助詞), 접속(接續) 조사는 어떤 역할을 할까? 짐작해 보자.

보조사 보조사는 말 그대로 특별한 의미를 더해 주는 조사가 된다. 체언(명사, 대명사, 수사)과 부사, 활용 어미 따위에 바로 붙는다. '은', '는', '도', '만', '까지', '마저', '조차', '부터' 따위가 있다. 앞의 내용을 다시 보자.

그 사람<u>은</u> 허우대<u>만</u> 멀쩡할 <u>뿐</u> 생각<u>이라든지</u> 자존심<u>이라든지</u> 무엇 하나<u>라도</u> 제대로 갖추기<u>는커녕</u> 모자란 것<u>투성이</u>어서 밥값<u>이나</u> 할 수 있을지<u>는</u> 모르겠다. 머리끝<u>부터</u> 발끝<u>까지</u> 생긴 것<u>이나마</u> 괜찮아 보이는 것<u>뿐</u>, 만나는 사람<u>마다</u> 얼마 되지 않아서 곧 불편하다고 한마디<u>씩</u> 하는데, 나<u>마저도</u> 성인<u>처럼</u> 이해해 주지 않으면 안 될 것 같은 인생이다. 안 지 10일 <u>만</u>에 정이 떨어졌다.

보조사가 뭐라고? 체언과 부사, 그리고 활용 어미 뒤에 붙을 수 있다고 했다.

사람	은	허우대	만	생각	이라든지
밥값	이나	있을지	는	머리끝	부터
사람	마다	한마디	씩	나	마저(도)

자존심	이라든지	하나	라도	갖추기	는커녕
발끝	까지	것	이나마	것	뿐
성인	처럼				

어떤가? 보이는가? 그래서 '그럴 따름이지'의 의미로 쓰인 '멀쩡할 뿐'은 띄어 쓰고, '오직 그것만인 것'의 '것뿐'은 붙여 쓴 거다. 같은 모양이지만 의미가 다르고 기능도 다르다. 우리는 이제 그런 것에 주목해야 한다.

독립언의 성격

모든 감탄사는 독립적으로 쓰이는 독립언에 속한다. 우리말의 감탄사로는 다음 것들이 있다.

그래, 그럼, 네, 뭐, 아, 아니, 아니오, 아니요, 아이, 아이고, 아하, 야, 어, 어디, 어머, 억, 여보세요, 예, 이런, 파이팅, 하, 흐흐, 그렇지, 글쎄(요), 만세, 빠이빠이, 세상에, 아냐, 아뇨, 아니야, 아아, 아야, 아차, 악, 암, 앗, 야, 어머나, 에이, 여보, 오, 오냐, 와, 응, 자, 저런, 정말, 좋아, 참, 체, 허허, 맙소사, 뭘, 아이쿠, 야호, 어마, 어어, 어유, 어이, 어이구, 어허, 어험, 얼씨구, 에, 에구머니, 에그, 에끼, 에라, 에잇, 에헤, 여보게, 여보시오, 여봐라, 예끼, 옳아, 옳지, 원, 이야아, 저기, 흠,

---

대답할 때 쓰이는 '네', '아니요'가 감탄사라는 것을 이번에 처음 알게 된 사람도 있을 것이다. 이에 대해서는 인터넷에서 한번 찾아보기로 하자.

미리 보는 문장성분

주어 문장의 주체가 된다. 대화할 때에는 주로 생략되는 경우가 흔하다. 아시다시피 조사 '-이/가', 보조사 '-은/는' 등이 붙어서 실현된다.

목적어 문장에서 목적, 수단, 도구 등이 된다. 주로 '-을/를'이 붙어서 실현된다.

서술어 문장에서 끝을 맺는 것들이다. 다양한 '종결 어미'로 실현되는 경우가 대부분이다.

보어 문장을 풍성하게 만들어 주는 모든 표현을 '보어'라고 할 수 있지만, 학교문법에서는 '무엇이 되다', '무엇이 아니다'와 같은 형식에서, '되다', '아니다' 바로 앞에 쓰이는 것만을 보어로 한정하고 있다.

이들 네 개를 문장성문에서 '**주성분**'이라고 한다. 그렇다면 '**보조성분/부속성분**'도 있을 거다. 관형어, 부사어가 그거다.

관형어 주로 '-은/는 체언(주로 명사)'의 모습으로 실현된다. 뒷말을 꾸며주는 성분을 말한다.

부사어 부가적으로 쓰여서 말을 풍성하게 해 주는 표현과 '-에, -에게, -에서, -와/과' 등처럼 - 주어와 목적어를 실현하는 조사를 빼면 대부분 해당하는 - 조사들로 실현된다. 물론 조사 없이 쓰이는 '굉장히, 너무, 많이, 아주, 매우' 등등도 모두 부사어로 보면 된다.

일단 요만큼만 이해하자. 차근차근 다음번에 또 더해질 것이니 궁금한 게 많더라도 잠시만 참자. 그래야 쉽게 익힐 수 있다.

1. 단어들은 문장 속에서 각자 자기 자리를 찾아서 배열된다.
2. 이들은 문장성분이라고 한다.
3. 문장 성분은 단어 배열에 대한 질서라고 할 수 있다.
4. 품사는 통사론, 형태론, 의미론적인 특성에 따라서 구분될 수 있다.
5. 문장에서 동사와 형용사는 서술성에서 벗어날 수 없다. 그리고 이때 서술의 방향은 어미가 결정한다.

2. 낱말의 구성 요소와 유형

> **생각쪽지**
> 1. 다음 문장은 몇 개의 형태소로 이루어졌는지 생각해 보자.
>   - 우리는 오늘부터 한국어 문법론을 공부하게 되었다.
> 2. 이 문장에 쓰인 형태소 중 성격이 비슷한 것끼리 묶어 보자.

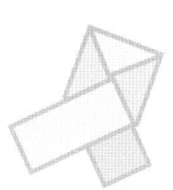

단어(單語)란 형태소들의 결합이다. 형태소(形態素)란 말 그대로 형태를 구성하는 요소인데, 이는 우리말에서 '의미를 가진 최소 단위'가 된다. 의미를 가졌다는 것은 뜻을 나타낸다는 것이다. 그래서 이들의 기능은 간단하다.

단어를 만든다.

더하여! 앞서 배운 것 즉, 문장을 구성할 때 문법적 관계를 나타내는 **어미와 조사 따위도 형태소**로 구분한다.

형태소란 말 그대로 형태를 구성하는 요소(要素)이다.

형태소는 뜻을 가진 것: **실질 형태소(어휘 형태소)**와 기능을 나타내는 것: **형식 형태소(문법 형태소)**로 나뉜다.

이들은 다시 독립적으로 쓰이는 **독립 형태소(자립 형태소)**와 의존적으로 쓰이는 **의존 형태소**로 구분된다.

'우리는 지금 멋진 한국어 교원이 되려고 열심히 공부하고 있다.'라는 문장에 쓰인 것 중에 '우리, 지금, 멋지-, 한국어, 교원, 되-, 열심히, 공부하-, 있-'은 의미를 나타내는 부분이므로 실질 형태소가 된다.

그러면 나머지 부분 '는, 이'는 조사이므로 당연히 문법 기능을 나타내는 형식 형태소가 된다.

그렇다면 '되-, 공부하-, 있-'에 붙어 있는 '-려고, -고, -다'도 형식 형태소라는 얘기인데…

이중에 공부하다는 공부(工夫)라는 한자어 명사에 '-하다'라는 접미사(接尾辭: 단어의 끝에 붙어서 단어의 의미와 기능을 변화시키는 녀석들)가 결합하여 동사(動詞)가 된 것이다.

그러므로 '공부하다'는 명사가 동사로 파생된 **파생어**가 된다.

파생어(派生語)란 이처럼 실질 형태소에 접사가 붙어서 이루어진 단어를 말한다. 단일어(單一語)가 아닌 복합어로는 파생어 외에도 **합성어**가 있다. 합성어(合成語)는 당연히 실질 형태소들이 결합한 것을 말한다.

2.1. 낱말을 구성하는 형태소

형태소란 단어와 그 활용 요소들을 구분하는 단위다. '형태를 구성하는 요소'라고 생각하면 된다. 그러면 문장을 이루는 요소를 확인해 보자.

우리가 이번 시험에서 꼭 합격해야 하는 이유는 백 가지도 넘을 것이다.

이 문장에 사용된 표현들을 각각 비슷한 유형별로 대충 나눠 보면 다음 표의 '표현과 품사'처럼 될 것이다. 이중에서 혼자 쓰일 수 있는 것과 그것이 활용한 것들을 다시 어절별로 세밀하게 품사별, 그리고 그에 부가적으로 붙은 표현들까지 고려해서 정리하면 다음처럼 된다.

표현	핵심형/기본형	품사	덧붙은 요소	덧붙은 요소 성격
우리가	우리	체언 대명사	가	관계언 조사
이번	이번	체언 명사		
시험에서	시험	체언 명사	에서	관계언 조사
꼭	꼭	수식언 부사		
합격해야	합격하다	용언 동사	-아야	어미
하는	하다	용언 동사	-는	어미
이유는	이유	체언 명사	는	관계언 조사

백	백	체언 수사		
가지도	가지	체언 의존명사	도	보조사
넘을	넘다	용언 동사	-을	어미
것이다	것	체언 의존명사	이다	서술격 조사
설명	이들은 일단 모두 **실질 형태소**이다. 의미를 담고 있는 부분을 가졌기 때문이다.		덧붙은 요소다. 당연히 의존적이다. 이들은 그래서 **의존 형태소**가 된다. 그리고 무언가 기능을 더하기 위해서 덧붙인 것들이니 이들은 다시 **형식 형태소**가 된다.	
	정리		정리	
	실질형태소	조사를 제외한 모든 품사	의존 형태소	조사와 어미
			형식 형태소	

    자립 형태소란 홀로 쓰일 수 있는 형태소가 아니다. 흔한 강의들에서 조사를 뺀 모든 품사를 자립형태소라고 뻔뻔하게 우기기도 하고, 홀로 쓰일 수 있다고 당연하게 힘주어 설명하기도 하는데… 잘못된 이야기다.

    자립 형태소란 홀로 '**쓰일 수 있는**' 형태소가 아니라 홀로 '**설 수 있는**' 형태소다. 문장 안에서 모든 요소들은 서로 유기적으로 연결된다. 사실 <u>홀로 쓰이는 문법적 요소란 하나도 없다</u>. 그러니 헷갈리는 거다.

    자립 형태소는 앞뒤로 자유롭게 요소들이 결합할 수 있는지 없는지를 확인하면 쉽게 구분할 수 있다.

    명사와, 대명사, 수사, 관형사, 부사, 감탄사는 대부분 자유롭게 요소들끼리 앞뒤로 배열이 가능하다[11]

---

11) 그런데 명사 중에서는 의존적으로만 쓰이는 것들이 있다. '것, 바, 체, 줄, 수'따위의 것들은 반드시 그 앞에 수식 형태를 필요로 한다. 그래서 '~할 것, ~하는 것, ~했던 것'처럼 써야 한다. 이 외에도 '장, 병, 그루' 따위의 것들은 무언가를 셀 때 쓰는 단위성 의존 명사가 된다. 이 역시 그 앞에 수식 형태가 필요하다. '종이 한 장, 술 열 병, 나무 한 그루'(이때 쓰인 수식 형태는 단위로 세는 내용과 그 수를 나타내는 수관형사가 된다.). 이것들은 실질 형태소이면서 의존 형태소가 된다.

단어는 단일어와 복합어(파생어·합성어)로 나뉜다.

단일어(單一語): '책, 차, 사람'처럼 나뉠 수 없는, 나뉘지 않는 한 요소로 이루어진 단어를 말한다. 그러니까 이름 역시 단일(單一)어가 된다.

복합어(複合語): 단일어와는 다르게 둘 이상의 요소가 결합하여 이루어진 단어를 말한다. '책상, 풋사과, 징검다리' 등은 모두 복합어가 된다.

복합어는 다시 그 결합 요소의 성격에 따라서 파생어(派生語)와 합성어(合成語)로 나뉜다. 이 개념은 매우 간단하다.

밋밋한 나무가 있다고 치자. 그런데 그 나무에서 가지가 멋있게 뻗어나갔다. 더 이상 그 나무는 밋밋한 나무가 아닌 멋있는 나무가 되었다. 정확히 말해서 멋있는 나뭇가지를 가진 나무가 되었다. 이게 파생어의 원리다.

나뭇가지의 형태는 저마다 다를 것이다. 멋도 다 제각각일 것이다. 하지만 얼마나 나뭇가지가 멋있든지 간에 밋밋했던 나무의 성질까지 바꾸지는 못한다.

파생어도 그렇다. '풋-사과'는 파생어다. 사과 앞에 '풋-'이라는 요소가 하나 붙었다. 사과가 풋풋해졌다. 그렇다고 해서 그게 사과가 아닌 것은? 아니다.

굳이 앞의 비유를 이어가자면 합성어는 나무와 나무가 결합한 것과 같다. 연리지(連理枝)를 아는가? 두 나무가 결합한 모습을 보면 뿌리와 기둥이 다른데 하나가 된 모습에 감탄할 수밖에 없다. 그런데 만약 소나무와 밤나무가 연리지로 이어졌다면 그 가지에서는 어떤 잎이 피어야 할까? 정답은... 조금 더 기센 녀석의 것일 거다.

합성어도 그렇다. 두 요소 이상의 합성에서 한 요소를 다른 요소의 의미로 더해 주는 것이 보통이다. '책상, 밥그릇, 국물, 오가다' 이들은 각각 '책+상', '밥+그릇', '국+물', '오다+가다'가 결합한 것이다. 어떤가? 두 요소의 성격을 모두 반영하면서도 어느 한 요소의 의미가 조금 더 강조되고 있지 않은가. 물론 '오가다'는 두 가지 성질을 균등히 반영하고 있다.

이렇듯 단어는 결합을 통해서 확장되는데 이때에도 결합의 원리라는 것이 있다. 뭐 거창한 건 아니다. 어느 요소가 어떤 요소에 종속되거나, 대등적으로 연결되는 것을 말하는 거다. 다음 단어들을 보고 이들은 단일어인지 합성어인지 생각해 보자.

밥	짓다	아직	여드름	단팥죽	맞벌이
공기	바다	붉다	물고기	뱃머리	처가살이
사람	넓이	봉숭아	노랗다	무지개	햇병아리
등불	하늘	소머리	불고기	두둥실	

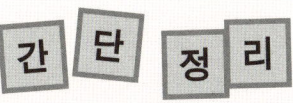

1. 형태소는 뜻을 가진 것: 실질 형태소(어휘 형태소)와 기능을 나타내는 것: 형식 형태소(문법 형태소)로 나뉜다.
2. 파생어(派生語)란 이처럼 실질 형태소에 접사가 붙어서 이루어진 단어를 말한다.
3. 단일어(單一語)가 아닌 복합어인 합성어(合成語)는 당연히 실질 형태소들이 결합한 것을 말한다.
4. 단어는 단일어와 복합어(파생어·합성어)로 나뉜다. 단일어(單一語): '책, 차, 사람'처럼 나뉠 수 없는, 나뉘지 않는 한 요소로 이루어진 단어를 말한다. 그러니까 이름 역시 단일(單一)어가 된다.
5. 복합어(複合語): 단일어와는 다르게 둘 이상의 요소가 결합하여 이루어진 단어를 말한다.

2. 낱말의 구성 요소와 유형

> **생각쪽지**
>
> 1. 소나무(나무가 주가 됨), 손수건, 손가방 vs 춘추, 밤낮, 피땀, 종이호랑이, 돌아가시다, 바늘방석
>   - 이들은 모두 합성어이다. 어떤 차이가 있을지 생각해 보자.
> 2. 파생어를 구성하는 요소들은 무엇이었는지 기억하는가?
>   단어 몇 개를 예를 들고 정리해 보자.

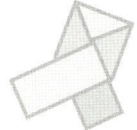

2.2. 낱말의 유형: 합성어와 파생어

합성어

단어는 단일어와 복합어(파생어·합성어)로 나뉜다. 합성어란 둘 이상의 실질 형태소가 결합하여 하나의 단어가 된 말을 말한다. 병렬/대등합성어, 수식/종속합성어, 융합합성어로 구분한다.

병렬/대등합성어 두 개 이상의 실질 형태소가 그 의미를 유지하면서 동등하게 결합된 것.
  예) 마소(말+소), 손발, 흑백, 한두,
      서넛, 높푸르다(높고푸르다), 오가다(오고가다)

수식/종속합성어 두 개 이상의 실질 형태소가 서로 주종관계로 결합된 것.
  예) 소나무(나무가 주가 됨), 손수건, 손가방,
      물거품, 물방울, 국밥, 돌다리, 솟아오르다

융합합성어 결합 요소 본래의 뜻은 사라지고, 새로운 의미를 지니게 된 것.
  예) 춘추, 밤낮, 피땀, 종이호랑이, 돌아가시다, 바늘방석

우리가 쓰는 표현(말과 글)은 단어들의 연쇄로 이루어진다. 단어란 "분리하여

자립적으로 쓸 수 있는 말이나 이에 준하는 말. 또는 그 말의 뒤에 붙어서 문법적 기능을 나타내는 말"이다. 앞서 배웠던 품사로 단어를 구분할 수 있다. 그런데 어떤 일정한 범위 안에서 쓰이는 단어는 다시 어휘(語彙)라고 부른다. 그러니 단어는 쓰인 것들을 그대로 부르는 말이고 어휘는 이들의 추상적 집합이라고 할 수 있다. '그 작가는 어휘력이 좋다'라고 하지 '*단어력이 좋다'라고 하지 않는다는 것을 떠올려 보자. 종합적인 힘은 어휘 능력이 되고 개별적인 쓰임은 단어의 구성 능력으로 이해하면 된다. 그런데 단어는 형태소(形態素)라는 것들로 이루어진다. 그러므로 단어의 구성은 형태소들이 붙어가면서 즉, 의미를 가진 것들 그리고 의미를 더해 주는 요소들이 결합해서 의미를 확장해 가는 원리를 가진다. '책', '상'이라는 단어들이 결합해서 다시 '책상'을 만들거나 '밥상', '상다리', '책장' 등을 만들어가는 것을 생각하면 되겠다. 이때 문법적으로 합당하고 자연스러운 구성을 갖는 것을 통사적 합성이라고 하고 그렇지 않은 것을 비통사적 합성이라고 한다.

통사적 합성 통사적 합성이라는 개념은 아주 간단하다. 합성어가 있는데 그것이 통사적인 구조를 가지고 있다는 것이다. 통사적인 구조라는 것은 다시 말해서 우리말의 문법 양상을 잘 지키고 있다는 의미다. 결합될 수 있는 것끼리 자연스럽게 결합되었다는 뜻이다. 문장과 단어의 구성에 있어서 '자연스럽다'라는 것은 곧 이들이 '문법적'이라는 의미로 이해하면 되겠다.
  예) 큰집, 작은형, 나들이, 길바닥, 집안, 밤낮, 새해, 디딤돌, 낯설다, 본받다, 앞서다, 돌아가다

  이들의 결합은 명사+명사이거나, 명사화된 것과의 결합이거나, 문법적으로 자연스러운 구조를 가지고 있다. 이에서 어긋나는 것이 비통사적 합성이다.

비통사적 합성 비통사적 합성이란 합성어이면서 그 합성의 방식이 통사적이지 않은 것이다. 앞서 통사적 합성어인 '큰집'이 만약 '*크집'처럼 결합되었다면 이건 비통사적인 거다. '*크집'역시 '크다'의 어간 '크'와 '집'의 결합이니 있을 수 있는 것이기는 하다. 이렇듯 자연스러운 결합이 아닌 것, 특히 어간을 그냥 변용 없이

가져 오는 것은 죄다 비통사적 합성어이다. 물론 여기서의 변용이란 자연스러운 어미변화를 말한다. 한국어의 보편적인 수식 구조가 아닌 것 역시 비통사적 합성어에 속한다.
예) 검버섯, 늦더위, 굳세다, 굶주리다, 산들바람, 여닫다, 우짖다

 이들을 구분하는 것은 의외로 쉽다. 단어를 나누어 보자. 그리고 그것을 자연스러운 문장으로 만들어 보자. '검버섯'의 경우 '검다+버섯=검은 버섯'이 되어야 한다. 그러니 자연스럽지 못한 거다. 비통사적 합성어다. '늦다+더위=늦은 더위', '굳다+세다=굳고 세다', '굶다+주리다=굶고/굶어서 주리다', '산들(거리다)+바람=산들거리는 바람', '열다+닫다=열고 닫다', '울다+짖다=우짖다'가 되어야 하는 거다.
 여기에 더하여 한자어들은 대부분 비통사적 합성어로 보면 된다. 우리말의 자연스러운 구조가 아닌 차례를 지녔기 때문이다.
예) 급수(給水)=공급하다 물을, 독서(讀書)=읽다 책을, 성공(成功)=이루다 목적을

파생어

 파생어란 실질 형태소에 접사(接辭)가 결합하여 하나의 단어가 된 말을 말한다.
 명사 '부채'에 '-질'이 붙은 '부채질', 동사 어간 '덮-'에 접미사 '-개'가 붙은 '덮개', 명사 '버선' 앞에 접두사 '덧-'이 붙은 '덧버선' 따위가 있다.
 여기에서 말하는 접사란 단독으로 쓰이지 못하고 항상 다른 어근(語根)이나 단어에 붙어서 새로운 단어를 구성하는 부분을 말한다. 이때의 어근이 바로 실질 형태소가 된다(단어는 그 구성 요소에 따라서 또 달라질 수 있지만, 덩어리로 볼 때에는 의미를 갖는 실질 형태소로 볼 수 있다.
 접사에 의한 파생어는 접두사(接頭辭)가 붙어서 파생한 단어와 접미사(接尾辭)가 붙어서 파생한 단어로 구분할 수 있다.[12]

---

12) 접사에 의하지 않은 파생도 있다. 영변화 파생과 내적 변화에 의한 파생. 이건 그냥 무시하자. 알아도 곧 모르게 된다.

	접두사에 의한 파생	접미사에 의한 파생
명사	군-: 군소리, 군침, 군불, 군살	-음: 웃음, 울음, 믿음, 춤, 잠, 기쁨 -기: 달리기, 던지기, 더하기, 크기, 굵기, 밝기 -이: 놀이, 먹이, 미닫이, 구두닦이, 손잡이, 길이 -개/게: 덮개, 지우개, 집게, 지게, 이쑤시개, 똥싸개 -질: 가위질, 부채질, 곁눈질, 싸움질, 주먹질, 군것질 -장이/쟁이: 땜장이, 겁쟁이, 멋쟁이, 요술쟁이
	풋-: 풋고추, 풋과일, 풋곡식, 풋사랑	
	짓-: 짓고생, 짓망신	
	헛-: 헛기침, 헛고생, 헛걸음, 헛수고	
동사	되-: 되돌아보다, 되묻다, 되받다	사동사/피동사 파생: 먹이다/먹히다, 죽이다, 쓰이다, 잡히다, 놀리다, 남기다
	휘(휩)-: 휘갈기다, 휘감다, 휩싸다, 휩쓸다	-거리다: 건들거리다, 비틀거리다, 끄덕거리다
	짓-: 짓누르다, 짓밟다, 짓찧다, 짓뭉개다	-대다: 건들대다, 비틀대다, 으스대다, 비비대다
	헛-: 헛늙다, 헛디디다, 헛보다, 헛듣다	-이다: 글썽이다, 끄덕이다, 깜박이다, 뒤척이다
형용사	새/시-: 새빨갛다/시뻘겋다, 새파랗다/시퍼렇다	-하다: 깨끗하다, 고요하다, 씩씩하다, 조용하다 -스럽다: 바보스럽다, 걱정스럽다, 창피스럽다 -답다: 정답다, 꽃답다, 아름답다, 남자답다, 여자답다, 어른답다, 학생답다 -롭다: 이롭다, 해롭다, 지혜롭다, 향기롭다, 명예롭다 -다랗다: 굵다랗다, 가느다랗다, 기다랗다, 높다랗다
	샛/싯-: 샛노랗다/싯누렇다	
부사		-이: 가벼이, 높이, 많이, 반가이, 집집이, 일찍이 -히: 가만히, 순순히, 조용히, 철저히, 급히

의미의 결합 관계 측면에서 본 파생어와 합성어

단어는 구성 요소의 관계 측면에서 보자면 수평적 결합으로 확장될 수 있는 것으로 이해할 수 있다. 여러분은 '사랑'이라는 단어를 들으면 무엇이 연상되는가? 우리는 '사랑'의 앞뒤로 형태소를 결합시켜서 '첫사랑, 내리사랑, 속사랑, 짝사랑, 치사랑; 사랑니, 사랑동이, 사랑싸움, 사랑스럽다' 등의 단어를 만들어낼 수 있다.

이처럼 '사랑'의 앞뒤로 다른 의미를 가진 요소들이 결합하여 '사랑'은 확장되게 된다.

*'사랑'이 들어간 관용표현이나 속담 표현도 한번 찾아보자.

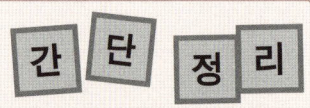

1. 합성은 통사적 합성과 비통사적 합성으로 구분한다.
2. 통사적 합성: 통사적인 구조로 합성된 것. 즉, 결합될 수 있는 것끼리 자연스럽게 결합되었다는 뜻이다.
3. 비통사적 합성이란 합성어이면서 그 합성의 방식이 통사적이지 않은 것이다.
4. 파생어란 실질 형태소에 접사(接辭)가 결합하여 하나의 단어가 된 말을 말한다.
5. 접사에 의한 파생어는 접두사(接頭辭)가 붙어서 파생한 단어와 접미사(接尾辭)가 붙어서 파생한 단어로 구분할 수 있다.

3. 낱말과 소리

> **생각쪽지**
> 1. 다음 문장은 몇 개의 음절로 이루어졌는지 생각해 보자.
>   - 우리는 오늘부터 한국어 문법론을 공부하게 되었다.
> 2. 이 문장에 쓰인 음절을 음절 표시 표현을 사용하여 적어 보자.
>   - [우리는] [오늘부터] [한국어] …

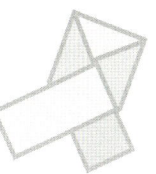

3.1. 낱말과 음절

한글 자모는 총 40 개로 이루어져 있다.

자음(子音) 기본자 14 자 + 된소리 5 자 = 총 19 자
모음(母音) 단모음 10 자 + 이중모음 11 자 = 총 21 자

19개의 한글 자음은 다음처럼 기억해 보도록 하자.

예사소리(평음)	ㄱ ㄷ ㅂ ㅅ ㅈ
된소리(경음)	ㄲ ㄸ ㅃ ㅆ ㅉ
거센소리(격음)	ㅋ ㅌ ㅍ ㅊ
울림소리(유성음)	ㅁ ㄴ ㄹ ㅇ
목청소리(후음)	ㅎ

오래 전 학생들은 이를 "구두 벗어줘 마누라야 흐흐흐" 이런 식으로 외우기도 했다.

조음 방법과 조음 위치에 따른 한국어 자음의 체계를 표로 정리하면 다음과 같다.

조음 방법		조음 위치	두 입술	윗잇몸 혀끝	센입천장 혓바닥	여린입천장 혀 뒤	목청 사이
안울림 소리	파열음	예사소리	ㅂ	ㄷ		ㄱ	
		된소리	ㅃ	ㄸ		ㄲ	
		거센소리	ㅍ	ㅌ		ㅋ	
	파찰음	예사소리			ㅈ		
		된소리			ㅉ		
		거센소리			ㅊ		
	마찰음	예사소리		ㅅ			ㅎ
		된소리		ㅆ			
울림소리		비음	ㅁ	ㄴ		ㅇ	
		유음		ㄹ			

21개의 한글 모음은 이는 단모음과 이중모음으로 나눠서 기억하는 것이 좋다.

단모음 10개: ㅏ ㅐ ㅓ ㅔ ㅗ ㅚ ㅜ ㅟ ㅡ ㅣ   이중모음 11개: ㅑ ㅒ ㅕ ㅖ ㅘ ㅙ ㅛ ㅝ ㅞ ㅠ ㅢ

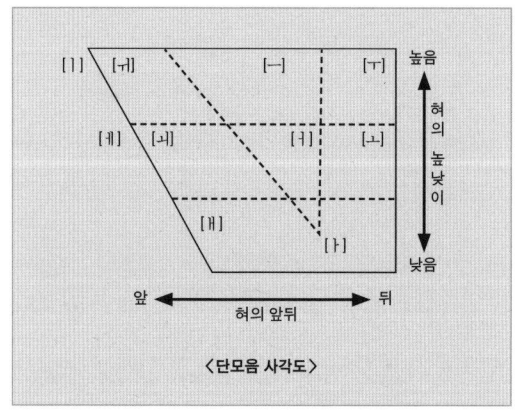

〈단모음 사각도〉

이들은 그 발음 위치와 입의 벌림 정도, 입모양에 따라서 전설모음/중설모음/후설모음, 고모음(폐모음)/중모음(반폐/반개모음)/저모음(개모음), 평순모음/원순모음 등으로 구분하기도 한다.

한글 자모로 이루어지는 한국어의 음절(소릿값)은 다음처럼 간단히 이해하면 된다.

음절의 구성(V=Vowel모음, C=Consonant자음)

V	**아 애 어 에 오 외 우 위 으 이…**
VC	**악 앤 얻 엘 옴 욉 웃 윙 읔 잎…**
CV	**가 내 더 레 모 보 수 쥐 츠 키…**
CVC	**강 냴 덕 렉 못 봅 술 퀀 틀 필…**

*반모음이 들어가면 8개로 늘어나기도 한다. 이는 인터넷에서 한번 찾아보기로 하자.

일반적으로 말은 시간이 흐를수록 형태와 어법은 단순해지고 발음은 세지는 경향을 보인다. 말하는 사람의 경제성과 명확성이 우선되기 때문이다. 쉽고 편하게 발음하려고 하고, 조금 더 분명하게 전달하려다 보니 많은 음가들이 중화되기도 하고 거세지기도 한다. '네가'라고 적고 당연히 [네가]라고 발음해야 할 자리에서 *[니가]라고 발음하게 되면서 표기 역시 '니가'로 굳어져 가고 있는 현상은 이를 잘 나타내 주는 단적인 예가 된다.

평소 발음에 신경을 쓰면서 소리 내는 사람은 사실 많지 않다. 그런데 발음은, 하나하나 신경 쓰기 시작하면, 이게 또 보통 일이 아니다. 이상하게도 발음과 음의 변화는 규칙을 외우려고 하면 할수록 더 어려워지기만 하는 영역이다.

여러분은 이를 닦을 때 어떻게 발음하는가? 닦다를 [닥따]로 발음하는가 *[딱따]로 발음하는가? 떨어진 물건을 [주워야] 할 자리에 *[주서야]로 발음하고 있지는 않은가? 우리는 흔히 [씻어서] 먹어야 할 것을 *[씻거서] 먹기도 하고 심지어는 [나눠] 먹어야 할 것을 *[노놔] 먹기도 한다. 사실 이들은 표준발음의 측면에서 보면 모두 틀린 발음이 된다. 그런데 이들을 '틀렸다'라고 할 수 있는 근거는 사회적으로 표준이 되는 형태와 발음을 정해 두었기 때문이다. 사실 소통의 측면에서 보자면 그리 크게 잘못된 '틀린 것'은 아니다.

다음 문장을 소리내어 읽어 보자.

1) 소주에 삼겹살을 먹었다. [소주에 삼겹싸를 머걷따]/[쏘주/쐬주에 삼겹싸를 머걷따]
2) 우리 선생님은 조금만 늦어도 싫어한다. [선생니믄 조금만]/[성샌니믄 쪼금만/쪼끔만]
3) 역시 맥주에는 통닭이지. [통달기지]/[통다기지]
4) 못 읽겠어요 [모딜게(겐)써요]/[몬닐게(겐)써요]
  못 열었어요 [모더러(럳)써요]/[몬녀러(럳)써요]
  오늘은 참 바쁘군요 [바쁘구뇨]/[바쁘군뇨]

현대 한국어는 그 사용에 있어서 어두자음군의 경음화 현상이 흔하다. 그래서 소주[쏘주], 닭다[딲따], 좀[쫌]처럼 일부 단어의 첫소리를 된소리로 발음하는 경향을 보인다. 그리고 닭이[다기], 흙이[흐기]처럼 겹받침을 가진 단어의 경우 [달기], [흘기]처럼 음절 경계에서 연음되어야 하지만 음절의 끝소리 규칙을 먼저 적용한 후 연음시키는 것처럼 말음을 단순화시켜 발음하기도 한다. 게다가 소리가 덧날 상황이 아닌데 음운을 첨가해서 발음하기도 한다.

음운 변동 관련 용어 개념 간단히 알아보기

교체: 어떤 음운이 형태소의 끝에서 다른 음운으로 바뀌는 것.
축약: 두 음운이 하나의 음운으로 줄어드는 것.
탈락: 두 음운 중 어느 하나가 없어지는 것.
첨가: 형태소가 합성될 때, 그 사이에 다른 음운이 덧붙는 것.

교체

음절의 끝소리 규칙 음절의 끝에 오는 자음의 음소가 어떤 것이든지 간에 '[ㄱ, ㄴ, ㄷ, ㄹ, ㅁ, ㅂ, ㅇ]'의 일곱 소리로만 교체(단순화)되어 발음되는 현상
예) 꽃 → [꼳], 부엌 → [부억], 잎 → [입], 밖 → [박]

비음화 받침에 쓰인 /ㄱ, ㄷ, ㅂ/이 비음([ㅇ, ㄴ, ㅁ]) 앞에 올 때 비음으로 바뀌는 현상
예) 막는 → [망는], 받는다 → [반는다], 잡는다 → [잠는다]

유음화 /ㄴ/이 /ㄹ/의 앞 또는 뒤에 올 때 유음인 '[ㄹ]'로 바뀌는 현상
예) 칼날 → [칼랄], 달님 → [달림], 권력(權力) → [궐력], 난로 → [날:로]

구개음화 /ㄷ, ㅌ/이 /ㅣ/ 또는 반모음 [j]로 시작하는 형식적인 형태소(의미를 지니지 않은 것)와 만났을 때 '[ㅈ]'이나 '[ㅊ]'으로 교체되는 현상
예) 미닫이 → [미:다지], 같이 → [가치], 굳히다 → [구치다]

경음화(된소리되기) 예사소리([ㄱㄷㅂㅅㅈ])가 서로 또는 각자 겹쳐서 소리 날 때, 또는 유음([ㄹ])과 예사소리가 겹쳐서 소리 날 때 된소리가 되는 현상
예) 춥고 → [춥꼬], 책상 → [책쌍], 할 것을 → [할꺼슬], 안다 → [안:따]

축약

거센소리되기 예사소리 '[ㄱ, ㄷ, ㅂ, ㅈ]'이 '[ㅎ]'과 겹쳐서 소리 날 때 거센소리 '[ㅋ, ㅌ, ㅍ, ㅊ]'으로 바뀌는 현상
예) 입학 → [이팍], 좋다 → [조:타], 각하 → [가카], 놓지 → [노치]

탈락

자음군 단순화 음절 끝에서 겹받침을 구성하는 음소 하나가 탈락되는 현상
예) 몫 → [목], 값 → [갑], 젊다 → [점:따], 짧고 → [짤꼬], 여덟 → [여덜]

'ㄹ' 탈락 '/ㄹ/'을 끝소리 받침으로 가진 단어가 파생어나 합성어가 될 때 'ㄹ'이 탈락하는 현상
예) 바늘 + - 질 → [바느질], 살 - + - 니 → [사:니]

'ㅎ' 탈락 용언 어간 음절의 끝소리 받침인 '/ㅎ/'이 모음으로 시작하는 형식 형태소와 결합할 때 탈락하는 현상
예) 넣어 → [너어], 쌓이다 → [싸이다], 않으니 → [아느니]

'으' 탈락 어간의 끝소리 '[으]'가 활용될 때 '아, 어'로 시작하는 어미 앞에서 탈락하는 현상
예) 담그 - + - 아라 → [담가라], 쓰 - + - 어서 → [써서], 뜨 - + - 어 → [떠]

첨가

'ㄴ' 첨가 파생어나 합성어에서 발음의 편의를 위해서 '[ㄴ]'이 덧붙는 현상
예) 맨입 → [맨닙], 솜이불 → [솜:니불], 한여름 → [한녀름]

반모음 첨가 용언의 활용 시 발음 편의를 위해 반모음 '[j]'를 덧붙이는 현상
예) 피어 → [피어/피여], 아니오 → [아니오/아니요]

간단 정리

1. 한글 자모는 총 40 개다. 자음(子音) 기본자 14 자 + 된소리 5 자 = 총 19 자, 모음(母音) 단모음 10 자 + 이중모음 11 자 = 총 21 자
2. 모음은 발음 위치와 입의 벌림 정도, 입모양에 따라서 전설모음/중설모음/후설모음, 고모음(폐모음)/중모음(반폐/반개모음)/저모음(개모음), 평순모음/원순모음 등으로 구분하기도 한다.
3. 현대 한국어는 그 사용에 있어서 어두자음군의 경음화 현상이 흔하다.
4. 음운은 발음될 때 변화한다. 이것이 음운의 변동이다.
5. 교체 : 어떤 음운이 형태소의 끝에서 다른 음운으로 바뀌는 것.

   축약 : 두 음운이 하나의 음운으로 줄어드는 것.

   탈락 : 두 음운 중 어느 하나가 없어지는 것.

   첨가 : 형태소가 합성될 때, 그 사이에 다른 음운이 덧붙는 것.

   *한글 자모의 이름은 그 받침소리를 연음하되, 'ㄷ, ㅈ, ㅊ, ㅋ, ㅌ, ㅍ, ㅎ'의 경우에는 특별히 다음과 같이 발음한다. 이건 자연스러운 발음법칙에 따르지 않는다.

디귿이[디그시]	디귿을[디그슬]	디귿에[디그세]
지읒이[지으시]	지읒을[지으슬]	지읒에[지으세]
치읓이[치으시]	치읓을[치으슬]	치읓에[치으세]
키읔이[키으기]	키읔을[키으글]	키읔에[키으게]
티읕이[티으시]	티읕을[티으슬]	티읕에[티으세]
피읖이[피으비]	피읖을[피으블]	피읖에[피으베]
히읗이[히으시]	히읗을[히으슬]	히읗에[히으세]

3. 낱말과 소리

> **생각쪽지**
> 1. 다음 문장에 나타나는 음운변동은 몇 개인가?
>   - 우리는 오늘부터 한국어 문법론을 공부하게 되었다.
> 2. 이 문장에 쓰인 음운 변동 현상을 설명할 수 있는가?

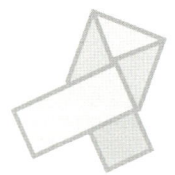

3.2. 낱말과 음운 변동

연음 규칙이란 소리가 연이어 나타날 때 생기는 규칙을 말한다. 다음을 소리 나는 대로 써 보자.

▶ 무엇입니까?   → (   )   ▶ 그것은   → (   )
▶ 옷안/옷이   → (   )   ▶ 흙에 살리라   → (   )
▶ 꽃이 예뻐서   → (   )   ▶ 낱낱이 파헤치다 → (   )
▶ 이 밤의 끄틀 잡고 → (   )

음절의 끝소리 규칙(말음법칙)

음절의 끝소리로 'ㄱ, ㄴ, ㄷ, ㄹ, ㅁ, ㅂ, ㅇ'의 일곱 소리 이외의 자음이 오면 이 일곱 소리 중 하나로 변하여 발음되는 현상을 말한다.

끝소리가 바뀌는 자음은 우선 다음처럼 정리해 볼 수 있다.
ㅍ → [ㅂ], ㅅ, ㅆ, ㅈ, ㅊ, ㅌ, ㅎ → [ㄷ], ㄲ, ㅋ → [ㄱ]

이들은 1음절 단어의 경우 '낟, 낫, 낮, 낯, 낱 → [낟]'처럼 되지만 모음으로 시작되는 형식 형태소와 결합하는 경우에는 '낫+으로 → [나스로]'처럼 발음된다. 연음되는 것이다. 그런데 이는 모음으로 시작되는 실질 형태소와 결합하는 경우에는 우선 음절의 끝소리 규칙이 적용된 후 다시 연음되게 된다.
'꽃 위 → [꼳+위] → [꼬뒤]'

겹받침이 쓰인 경우 즉, 자음군이 단순화되는 경우는 다음과 같이 정리해 보일 수 있다.
① 1음절의 경우 : 값 → [갑], 흙 → [흑]
② 모음으로 시작되는 형식 형태소 : 흙이 → [흘기], 없어 → [업써]
③ 모음으로 시작되는 실질 형태소 : 흙 안에 → [흑+안에] → [흐간에]
④ 자음으로 시작되는 형태소 앞 : 흙도 → [흑또], 없다 → [업따]

받침의 발음

다음은 받침의 발음이 어떻게 발음되는지를 규범에 준하여 정리한 것이다. 관심이 있다면 하나씩 상세하게 읽어보자. 읽기 힘들면 일단 그냥 넘어가도 된다. 우리는 이미 제대로 발음을 잘하고 있기 때문이다. 사례를 접할 때마다 한번 고민해 보고, 찾아보고 싶을 때 부분부분 찾아보는 것으로 충분할 듯하다.

겹받침 'ㄺ, ㄻ, ㄿ'은 어말 또는 자음 앞에서 각각 [ㄱ, ㅁ, ㅂ]으로 발음한다.

| 닭[닥] | 흙과[흑꽈] | 맑다[막따] | 늙지[늑찌] | 삶[삼:] | 젊다[점:따] | 읊다[읍따] |

용언의 어간 말음 'ㄺ'은 'ㄱ' 앞에서 [ㄹ]로 발음한다.

| 맑게[말께] | 묽고[물꼬] | 읽고[일꼬] | 얽거나[얼거나] |

'ㄷ'으로 발음되는 받침 'ㅅ, ㅈ, ㅊ, ㅌ'과 'ㅎ'이 결합하는 경우에는 [ㅌ]으로 발음한다.

| 옷 한 벌[오탄벌] | 낮 한때[나탄때] | 꽃 한 송이[꼬탄송이] | 숱하다[수타다] |

'ㅎ, ㄶ, ㅀ' 뒤에 'ㅅ'이 결합되는 경우에는, 'ㅅ'을 [ㅆ]으로 발음한다.

| 닿소[다쏘] | 많소[만:쏘] | 싫소[실쏘] | 않소[안쏘] |

모든 받침은 뒤에 연결되는 것들에 따라서 자연스럽게 옮겨갈지, 음운변화를 할지가 결정된다. 겹받침이 모음으로 시작된 조사나 어미, 접미사와 결합되는 경우에는,

뒤엣것만을 뒤 음절 첫소리로 옮겨 발음한다(이 경우, 'ㅅ'은 된소리로 발음함).

| 넋이[넉씨] | 앉아[안자] | 닭을[달글] | 젊어[절머] | 곬이[골씨] | 핥아[할타] | 읊어[을퍼] |

받침 뒤에 모음 'ㅏ, ㅓ, ㅗ, ㅜ, ㅟ'들로 시작되는 실질 형태소가 연결되는 경우에는, 대표음으로 바꾸어서 뒤 음절 첫소리로 옮겨 발음한다.

| 밭 아래[바다래] | 늪 앞[느밥] | 젖어미[저더미] | 맛없다[마덥따] | 헛웃음[허두슴] |
| 겉옷[거돋] | 꽃 위[꼬뒤] | 맛있다[마딛따/마싣따] | | 멋있다[머딛따/머싣따] |

겹받침의 경우에는, 그 중 하나만을 옮겨서 발음하는 원칙도 있다. 일단 외워 놓자.

| 넋 없다[너겁따] | 닭 앞에[다가페] | 값어치[가버치] | 값있는[가빈는] |

받침 'ㄷ, ㅌ(ㄾ)'이 조사나 접미사의 모음 'ㅣ'와 결합되는 경우에는, [ㅈ, ㅊ]으로 바꾸어서 뒤 음절 첫소리로 옮겨 발음한다. 'ㄷ' 뒤에 접미사 '히'가 결합되어 '티'가 된 것은 [치]로 발음한다.

| 굳이[구지] | 미닫이[미:다지] | 밭이[바치] | 굳히다[구치다] | 닫히다[다치다] | 묻히다[무치다] |

받침 'ㄱ(ㄲ, ㅋ, ㄳ, ㄺ), ㄷ(ㅅ, ㅆ, ㅈ, ㅊ, ㅌ, ㅎ), ㅂ(ㅍ, ㄼ, ㄿ, ㅄ)'은 'ㄴ, ㅁ' 앞에서 [ㅇ, ㄴ, ㅁ]으로 발음한다. 두 단어를 이어서 한 마디로 발음하는 경우에도 이와 같다.

먹는[멍는]	키읔만[키응만]	몫몫이[몽목씨]	닫는[단는]	짓는[진:는]
옷맵시[온맵씨]	쫓는[쫀는]	꽃망울[꼰망울]	밥물[밤물]	밟는[밤:는]
책 넣는다[챙넌는다]	흙 말리다[흥말리다]	옷 맞추다[온맏추다]		값 매기다[감매기다]

받침 'ㅁ, ㅇ' 뒤에 연결되는 'ㄹ'은 [ㄴ]으로 발음한다. 받침 'ㄱ, ㅂ' 뒤에 연결되는 'ㄹ'도 [ㄴ]으로 발음한다.

| 담력[담:녁] | 침략[침냑] | 강릉[강능] | 항로[항:노] | 막론[막논→망논] | 협력[협녁→혐녁] |

'ㄴ'은 'ㄹ'의 앞이나 뒤에서 [ㄹ]로 발음한다. 첫소리 'ㄴ'이 'ㅀ', 'ㄾ' 뒤에 연결되는 경우에도 이에 준한다. 첫소리 'ㄴ'이 'ㅀ', 'ㄾ' 뒤에 연결되는 경우에도 이에 준한다.

| 난로[날:로] | 신라[실라] | 대관령[대:괄령] | 칼날[칼랄] | 물난리[물랄리] | 할는지[할른지] |
| 닳는[달른] | 뚫는[뚤른] | 핥네[할레] | | | |

다음과 같은 단어들은 'ㄹ'을 [ㄴ]으로 발음한다.

| 의견란[의:견난] | 생산량[생산냥] | 결단력[결딴녁] |
| 공권력[공꿘녁] | 상견례[상견네] | 횡단로[횡단노] |

되어[되어/되여], 피어[피어/피여]와 같은 용언의 어미는 [어]로 발음함을 원칙으로 하되, [여]로 발음함도 허용한다. '이오, 아니오'도 이에 준하여 [이요, 아니요]로 발음함을 허용한다.

어간 받침 'ㄼ, ㄾ' 뒤에 결합되는 어미의 첫소리 'ㄱ, ㄷ, ㅅ, ㅈ'은 된소리로 발음한다.

| 넓게[널께] | 핥다[할따] | 훑소[홀쏘] | 떫지[떨:찌] |

한자어에서, 'ㄹ' 받침 뒤에 연결되는 'ㄷ, ㅅ, ㅈ'은 된소리로 발음한다.

| 갈등[갈뜽] | 발동[발똥] | 절도[절또] | 말살[말쌀] | 불소[불쏘](弗素) |
| 일시[일씨] | 갈증[갈쯩] | 물질[물찔] | 발전[발쩐] | 몰상식[몰쌍식] |

관형사형 '-(으)ㄹ' 뒤에 연결되는 'ㄱ, ㄷ, ㅂ, ㅅ, ㅈ'은 된소리로 발음한다. 단, 이 경우에도 끊어서 말할 적에는 예사소리로 발음한다. '-(으)ㄹ'로 시작되는 어미의 경우에도 이에 준한다.

| 할 것을[할꺼슬] | 갈 데가[갈떼가] | 할 바를[할빠를] | 할 수는[할쑤는] | 할 적에[할쩌게] |
| 할걸[할껄] | 할밖에[할빠께] | 할세라[할쎄라] | 할수록[할쑤록] | 할지라도[할찌라도] |

표기상으로는 사이시옷이 없더라도, 관형격 기능을 지니는 사이시옷이 있어야 할(휴지가 성립되는) 합성어의 경우에는, 뒤 단어의 첫소리 'ㄱ, ㄷ, ㅂ, ㅅ, ㅈ'을 된소리로 발음한다.

문-고리[문꼬리]	눈-동자[눈똥자]	신-바람[신빠람]	산-새[산쌔]	손-재주[손째주]
길-가[길까]	물-동이[물똥이]	발-바닥[발빠닥]	굴-속[굴:쏙]	술-잔[술짠]
바람-결[바람껼]	그믐-달[그믐딸]	아침-밥[아침빱]	잠-자리[잠짜리]	강-가[강까]
초승-달[초승딸]	등-불[등뿔]	창-살[창쌀]	강-줄기[강쭐기]	

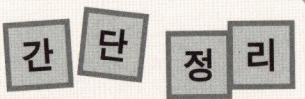

1. 연음 규칙이란 소리가 연이어 나타날 때 생기는 규칙을 말한다.
2. 음절의 끝소리 규칙(말음법칙)은 음절의 끝소리로 'ㄱ, ㄴ, ㄷ, ㄹ, ㅁ, ㅂ, ㅇ'의 일곱 소리 이외의 자음이 오면 이 일곱 소리 중 하나로 변하여 발음되는 현상을 말한다.
3. 한국어의 음절은 다음처럼 끝소리가 단순화되는 현상을 보인다.
   ① 1음절의 경우 : 값 → [갑], 흙 → [흑]
   ② 모음으로 시작되는 형식 형태소 : 흙이 → [흘기], 없어 → [업써]
   ③ 모음으로 시작되는 실질 형태소 : 흙 안에 → [흑+안에] → [흐간에]
   ④ 자음으로 시작되는 형태소 앞 : 흙도 → [흑또], 없다 → [업따]
   이러한 현상을 자음군 단순화라고 한다.
4. 용언의 어간 말 'ㄺ'은 'ㄱ' 앞에서 [ㄹ]로 발음한다.

| 맑게[말게] | 묽고[물꼬] | 읽고[일꼬] | 얽거나[얼거나] |

5. 'ㄷ'으로 발음되는 받침 'ㅅ, ㅈ, ㅊ, ㅌ'과 'ㅎ'이 결합하는 경우에는 [ㅌ]으로 발음한다.

| 옷 한 벌[오탄벌] | 낮 한때[나탄때] | 꽃 한 송이[꼬탄송이] | 숱하다[수타다] |

4. 낱말과 문장

> **생각쪽지**
> 1. 다음 문장은 홑문장인가? 겹문장인가 생각해 보자.
>   - 우리는 오늘부터 한국어 문법론을 공부하게 되었다.
> 2. 겹문장은 이어진 문장과 안은문장으로 구분한다.
>   기억이 난다면 이를 구분하여 예문을 만들어 보자.

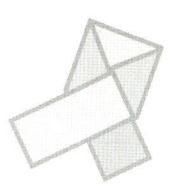

단문/홑문장: 간단하다. 서술어가 하나인 문장을 말한다.
복문/겹문장: 예측이 가능하지 않은가? 서술어를 가진 문장들이(두 개 이상이다.) 한 문장으로 만들어진 것을 말한다. 요건 이어진 문장과 안긴 문장으로 또 나뉜다. 이건 다음번에 배우기로 하자.

[단문] 철수는 바보가 아니다. **주절/주어** 철수는, **서술절** 바보가 아니다(**보어** 바보가, **서술어** 아니다)
[복문] 바보가 아닌 철수는 서울에 산다. - 두 개의 문장으로 나눠 보자. 그리고 어떻게 구성되어 있는지 생각해 보자.

4.1. 홑문장의 구성과 낱말의 변화(활용)

품사와 문장성분

품사란 단어의 추상적 집합이다. 이들은 기능과 내용에서의 차이들을 기준으로 삼아 구분한 것이다. '명, 대, 수, 동, 형, 관, 부, 조, 감'이들 각각에 대한 세밀한 정보를 조금 더 얹어 가면 된다.

단어들은 문장 속에서 각자 자기 자리를 찾아서 배열된다. 문장 성분은 이들 배열에 대한 질서라고 할 수 있다. 이들에 대해서 조금만 더 알아보자.

대화이든지 설명하는 글 또는 주장하는 글이든지, 언어로 구성된 것은 전부 '단어와 문법적 표현'으로 구성된다. 지금 여러분이 읽고 있는 이 글도 마찬가지이다.

'지금, 여러분+*이*, 읽(다)+**고**, 있(다)+는, 이, 글+**도**, 마찬가지+*이다*'처럼 앞에 쓰인 문장은 10개의 단어(지금, 여러분, 이, 읽다, 있다, 이, 글, 도, 마찬가지, 이다)와 2개의 문법적 표현(어미: -고, -는)으로 구성된 것이다. 물론 10개의 단어 중에서 '이, 도, 이다'는 모두 조사이고 이들은 단어이면서 문법적인 관계를 나타내 주고 있다.

어쨌든 이처럼 문장은 단어들의 연쇄를 통해서 의미를 전달하게 된다. 그런데 국어학자도 아닌 우리가 의미 전달을 위해서 사용되는 전문적인 언어 지식을 모두 알아야 할 필요는 없다. 지금 저 문장을 구성하고 있는 품사와 문장 성분을 설명해 보라는 질문에 선뜻, 매우 분명하게 대답해 줄 수 있는 국어학도는 많지 않다. 그러니 우아하게 힘을 내 보자.

단어의 연쇄는 문장을 만든다. 연쇄를 이끌고 가는 것은 조사와 어미다. 조사는 문장성분을 나타내게 되고 어미는 문법적 기능과 의미를 연결시켜 주게 된다. 뭐, 조사 역시 그런 역할을 당연히 하기는 한다. 앞서 배웠던 지식에 의존해 보자. 한국어 단어를 구분해 놓은 품사는 모두 몇 개였나?

"명, 대, 수, 동, 형, 관, 부, 조, 감" 생각나는가? 그 중에서 조사는 문법적 관계를 나타내면서 앞말에 붙여서 쓴다. 그리고 어미는 동사와 형용사 즉, '-다'의 기본형을 갖는 단어 뒤에 붙어서 변화무쌍한 꼬리(어미)라고 이해했었다. 조사와 어미의 역할을 이해해야 문장을 이해할 수 있다. 어렵지 않다. 하나씩 더해 보자.

문장 성분만 잘 이해하고 있으면 그냥 한국인의 기본 상식으로 접근해도 풀 수 있다. 이렇게 쉽다. 목적어를 만드는 가장 기본적인 조사가 '을/를'이니까 그것으로 바꿔서 말이 되면 목적어, 아니면 다른 거… 이렇게만 이해하고 가자. 우리에게 다른 전문적인 지식은 필요하지 않다.

문장성분

앞서 우리는 문장의 성분이 주성분과 부속성분으로 이루어진다는 것을 배웠다. 이제 조금 더 특별한 구조에 대해서 익혀 보자. 하나씩 머릿속에 그려가며 읽어가길 권한다. 최대한 쉽게 쓸 터이지만 요 녀석의 성격상 조금은 어렵게 느껴질지도 몰라서 하는 소리다. 다음 문장을 보자.

오늘도 한국어 교원이 되기 위해서 나는 어려운 공부를 열심히 하고 있다.

자, 이 문장의 주어, 목적어, 보어, 서술어, 부사어, 관형어를 구분해 보자. 어려울 거다. 차근차근 하나씩 단계를 이해하면 그나마 쉬워진다. 일단 부가적이라고 생각되는 표현은 괄호 속에 넣고 문장을 단순하게 쪼개어 보자. 이때 용언 즉, 동사와 형용사는 기본형으로 바꾸어 보자. 명사와 서술격 조사 '이다'의 결합형도 '이다'의 형태로 바꾸어 보자.

(오늘도) 한국어 교원이 되다. (기 위하다) 나는 (어렵다) 공부를 (열심히) 하다 (-고 있다)

이제 문장은 분명해졌다. '한국어 교원이 되다', '나는 공부를 하다' 이 두 문장을 연결한 문장이다. 그래서 이걸 겹문장이라고 한다. 그러고 이어진 문장이 된다. '한국어 교원이 되다 + 기 위해서 + 나는 공부를 하다'로 이어진 문장이다. 그런데 핵심은 결국 '나는 공부를 하다'이다.

이 문장에서 주어는 '나는'이고 '공부를 하다'는 목적어와 서술어가 된다. 이때 '하다'는 보조적으로 쓰인 용언 즉, 보조용언 '-고 있다'와 결합한 형태를 보인다. 그리고 '한국어 교원이 되다'는 이 겹문장의 핵심인 '나는 공부를 하다'에 종속되는 문장 즉, 종속절이라고 부른다. 원래 '한국어 교원이 되다'에서 '한국어 교원이'는 '되다' 앞에 쓰였으므로 보어가 된다. '되다'는 당연히 서술어가 된다. 그런데 '되다'가 '-기 위하여'와 결합하면서 하나의 절을 형성했다. 결과적으로 부가적인 표현이 되었기에 이들 전체를 하나의 부사절(副詞節)이라고 부른다. 부사어처럼 쓰인 절(節)이라는 것이다. 여기에서 절은 떼어내면 하나의 문장이 될 수 있는 것이다. 이것이 문장 안에서 성분으로 쓰일 때 부르는 말이다.

오늘도 한국어 교원이 되기 위해서	나는 (어려운) 공부를 열심히 하고 있다.
종속절/부사절	주어 **서술절**
	공부를(목적어)
	열심히(부사어)
	하고 있다(서술어)

일단 이어진 문장의 구조는 이렇다. 그런데 이제 '어려운'은 또 뭔지 알아 봐야 한다. 안다. 어렵고 힘들겠지만 조금만 더 힘써서 이해해 보자. 요 정도는 알아야 다음 단계로 나아갈 수 있다. '어렵다'의 품사는? '*어렵는/어려우는'이 되지 않으니까 형용사다. 그런데 요게 관형형 어미 '-ㄴ'과 결합해서 '공부를'이라는 목적어를 꾸며주고 있다. 그래서 이걸 학교문법에서는 관형어라고 부른다. 독립된 문장으로 굳이 만들어 보면 '공부가 어렵다'가 된다. 요게 이 문장 안으로 들어오면서 '절'로 쏘옥 안겼다. 관형어이니까 관형절이다. 관형절로 안긴문장이다. 들어 봤을 거다.

문장의 구조에 대한 이해는 해도 해도 끝이 없다. 그리고 한 만큼 티도 잘 안 난다. 그러니 우리는 굵직굵직하게 큰 개념만 일단 알고 가자. 품사와 문장 성분을 이야기할 때 가장 고민되게 만드는 요소가 무엇이었는지 생각나는가? 그렇다. 어미다. 문법적 관계는 어미가 70 퍼센트다. 나머지 30 퍼센트는 역시 조사다.

간단정리

1. **단문/홑문장**: 간단하다. 서술어가 하나인 문장을 말한다. **복문/겹문장**: 서술어를 가진 문장들이(두 개 이상이다.) 한 문장으로 만들어진 것을 말한다. 요건 이어진 문장과 안긴 문장으로 또 나뉜다.
2. 단어의 연쇄는 문장을 만든다. 연쇄를 이끌고 가는 것은 조사와 어미다. 조사는 문장성분을 나타내게 되고 어미는 문법적 기능과 의미를 연결시켜 주게 된다.
3. 어미는 동사와 형용사 즉, '-다'의 기본형을 갖는 단어 뒤에 붙어서 변화무쌍한 꼬리(어미)를 말한다. 조사와 어미의 역할을 이해해야 문장을 이해할 수 있다.
4. '**오늘도 한국어 교원이 되기 위해서 나는 어려운 공부를 열심히 하고 있다.**'는 '한국어 교원이 되다 + 기 위해서 + 나는 공부를 하다'로 이어진 문장이다.
5. <u>오늘도 한국어 교원이 되기 위해서</u>　　<u>나는　(어려운) 공부를 열심히 하고 있다.</u>
　　 종속절/부사절　　　　　　　　　　주어　서술절
　　　　　　　　　　　　　　　　　　　　　　공부를(목적어)
　　　　　　　　　　　　　　　　　　　　　　　　열심히(부사어)
　　　　　　　　　　　　　　　　　　　　　　　　　　하고 있다(서술어)

4. 낱말과 문장

> **생각쪽지**
> 1. 다음 문장에서 조사와 어미를 구분해 보자.
>   오늘도 한국어 교원이 되기 위해서 나는 어려운 공부를 열심히 하고 있다.
> 2. 이 문장에 쓰인 절을 설명해 보자.

4-2. 겹문장의 구성과 낱말의 변화(활용)

앞서 살펴보았듯 하나의 문장은 하나 이상의 서술어를 가진 것이다. '어디 가?'라는 문장은 '가다'라는 동사를 의문형 종결 형태로 실현한 서술어 '가?'를 지녔다. 그런데 이에 대해서 '학교.'라고 대답한 경우 '학교' 역시 하나의 문장으로 실현된 것으로 볼 수 있다. 이때에는 '학교에 가'라는 문장으로 실현할 것을 단순하게 '학교'라는 명사 하나로 실현한 것으로 볼 수 있다. 이것 대화 담화의 특성에 해당한다.

어쨌든 한국어 문장은 하나 이상의 서술어로 실현되는 단위를 기본으로 삼는데 이때 서술어가 하나인 문장을 홑문장이라고 하고 두 개 이상인 문장을 겹문장이라고 한다. 서술어가 두 개 이상인 문장이 실현된 것 중 순차적(대등적/종속적)으로 이어진 문장이 아닌, 하나의 문장이 다른 문장을 부속처럼 포함하고 있는 문장을 내포문이라고 한다. 내포문은 안은문장과 안긴문장으로 구분된다.

내포문

안은문장 어떤 문장이 문장 성분으로 '절'을 포함하고 있을 때 이를 안은문장이라고 한다.
→ 안긴문장: 안은문장 속에서 문장 성분으로 쓰인 '절'을 말한다.

안은문장의 종류와 성격 그 예는 다음과 같다.

명사절을 안은문장 하나의 문장을 명사처럼 만든 것을 명사절이라고 한다. 보통 명사형 어미 '-(으)ㅁ', '-기'를 붙여 만든다. 주어, 목적어, 부사어 등의 기능을 한다.
  예) 성희가 **그것을 먹었음**이 밝혀졌다. (→ 문장에서 주어의 기능을 함.)
     그들은 **비가 그치기**를 바란다. (→ 문장에서 목적어의 기능을 함.)
     지금은 **밥을 먹기**에 늦은 시간이다. (→ 문장에서 부사어의 기능을 함.)

관형절을 안은문장 하나의 문장을 마치 관형어처럼 쓸 수 있도록 만든 것을 말한다. 보통 관형사형 어미 '-(으)ㄴ', '-는', '-(으)ㄹ', '-던'을 붙여서 만든다. 관형어의 기능을 한다.
  예) 이 책은 **성희가 읽은** 책이다. (과거: 성희가 이 책을 읽었다.)
     이 책은 **성희가 요즘 읽는** 책이다. (현재: 성희가 이 책을 읽는다.)
     이 책은 **성희가 앞으로 읽을** 책이다. (미래: 성희가 이 책을 읽을 거다.)
     이 책은 **성희가 예전에 읽던** 책이다. (회상/증거: 성희가 이 책을 읽었었다.)

부사절을 안은문장 하나의 문장을 마치 부사어처럼 쓸 수 있도록 만든 것을 말한다. 보통 부사형 어미 '-이', '-게', '-도록', '-(아)서' 등을 붙여서 만든다. 서술어를 수식하는 부사어의 역할을 한다.
  예) 비가 **소리도 없이** 내린다.
     꽃이 **아름답게** 피었다. (아름답게, 꽃이 피었다.)
     우리는 **유주가 지나가도록** 길을 비켜 주었다. (유주가 지나가도록, 우리는 길을 비켜 주었다.)

서술절을 안은문장 하나의 문장을 마치 서술어처럼 쓸 수 있도록 만든 것을 말한다. 모문과 성분문의 서술어가 동일하기 때문에 주어가 두 개 이상인 것처럼 실현된다. 서술어가 서술어로 안긴 것인데, 두 개가 동일하기 때문에 하나의 서술어만 보인다.
  예) 코끼리가 **코가 길다.**
     나는 **네가 좋다.**
     용혁이는 **성격이 좋다.**

인용절을 안은문장 하나의 문장이 직접 또는 간접적으로 인용된 형태로 안긴 것을 말한다. 보통 인용격을 나타내는 조사 '고', '라고'를 붙여서 만든다.

예) 그가 "무슨 일이니?"라고 말했다. - 직접 인용절

주인이 "많이 드세요."라고 권한다.

진혁이는 국어가 가장 쉽다고 말했다. - 간접 인용절

그는 자신이 한국어 교사라고 말했다.

직접인용절과 간접인용절은 아래의 예처럼 차이를 보이는데, 글을 쓰는 사람의 선택에 따라서 인용절로 안기는 방식이 달라진 것처럼 보일 뿐 의미적으로 큰 차이를 보이지 않는다. 다만 생동감을 전하는 데에는 직접인용이 더 낫다.

인용절은 인용문의 종결방식에 따라서 달라진다. 현재 평서형 종결 '동사/형용사/명사+이다'의 경우 각각 '동사-ㄴ/는다고: 간다고, 먹는다고', '형용사-다고: 예쁘다고, 쉽다고', '명사-(이)라고: 학생이라고, 차라고'처럼 실현된다.

예) 용혁이가 "저기 성희가 간다."라고 말했다. → 용혁이가 저기 성희가 간다고 말했다.

진혁이는 "난 국어가 가장 쉬워."라고 말했다. → 진혁이는 국어가 가장 쉽다고 말했다.

그는 "저는 학생입니다."라고 말했다. → 그는 자신이 학생이라고 말했다.

의문형과 청유형 종결은 각각 어떻게 실현되는지 생각해 보자.

겹문장 중 내포문이 아닌 모든 겹문장은 이어진 문장이라고 할 수 있다. 이어진 문장은 두 개 이상의 홑문장이 순차적으로 연결된 것으로 이해하면 된다.

이어진문장

두 개 이상의 홑문장이 이어진 형태인 겹문장을 말한다. 그 성격에 따라서 대등하게 이어진 문장과 종속적으로 이어진 문장으로 구분한다.

대등하게 이어진 문장 연결되는 홑문장 간 의미 관계가 대등하게 이어진 문장을 말한다.
  예) 수정이는 영화를 보았고, 성희는 연극을 보았다. (나열)
      용혁이는 영화를 보았지만, 진혁이는 연극을 보았다. (대조)
      너는 영화를 보든지 뉴스를 보든지 결정해야 한다. (선택)

종속적으로 이어진 문장 연결되는 홑문장 간의 의미가 종속적으로 이어진 문장을 말한다. 보통 앞의 절이 되는 문장이 '원인', '조건', '의도', '양보', '배경' 등의 성격을 지닌다.
  예) 비가 와서 길이 많이 막힌다. (원인)
      네가 거기에 오면 마음이 편해질 거야. (조건)
      성희와 만나려고 (나는) 외출을 했다. (의도)
      한국어 교원 되기가 어려울지라도 (나는) 포기할 수 없다. (양보)
      혁이 집에 갔을 때 이미 그는 사라진 후였다. (배경)

  종속적으로 이어진 두 문장이 있을 때 뒤 문장에 종속되는 앞 문장은, 뒤 문장 속으로 이동할 수 있다.
  예) 길이 비가 와서 많이 막힌다. (원인)
      (내) 마음이 네가 거기에 오면 편해질 거야. (조건)
      (나는) 성희와 만나려고 외출을 했다. (의도)
      (나는) 한국어 교원 되기가 어려울지라도 포기할 수 없다. (양보)
      이미 그는 혁이 집에 갔을 때 사라진 후였다. (배경)

간단 정리

1. 내포문은 안은문장과 안긴문장을 포함하는 개념이다. 안은문장: 어떤 문장이 문장 성분으로 '절'을 포함하고 있을 때를 말하고 안긴문장: 안은문장 속에서 문장 성분으로 쓰인 '절'을 말한다.
2. 이어진 문장은 두 개의 홑문장이 이어진 형태인 겹문장을 말한다. 대등하게 이어진 문장과 종속적으로 이어진 문장으로 구분한다.
3. 명사절을 안은문장은 명사형 어미 '-(으)ㅁ', '-기'를 붙여 만든다. 주어, 목적어, 부사어 등의 기능을 한다. 관형절을 안은문장은 관형사형 어미 '-(으)ㄴ', '-는', '-(으)ㄹ', '-던'을 붙여 만든다. 관형어의 기능을 한다.
4. 부사절을 안은문장은 '-이', '-게', '-도록', '-(아)서' 등을 붙여서 만든다. 부사어의 기능을 한다. 서술절을 안은문장은 문장 안에서 서술어의 기능을 하는 절을 말한다.
5. 인용절을 안은문장은 다른 사람의 말을 인용한 것이 절의 형식으로 안기는 것을 말한다.

문장의 문법

5. 의향법과 종결법

6. 시제와 종결법

7. 부정법

8. 사동법과 피동법

9. 높임법

5. 의향법과 종결법

> **생각쪽지**
> 1. 다음 문장은 어떤 의도로 발화된 것인지 생각해 보자.
>   우리 오늘부터 한국어 문법론을 열심히 공부하자!
> 2. 이 문장의 서술어를 바꿔서 다른 의도를 가진 문장으로 만들어 보자.

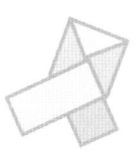

5.1. 문장성분과 의향법

앞서 간단히 살펴보았듯 문장성분은 주성분(주어, 목적어, 서술어, 보어)과 부속성분(관형어, 부사어), 독립성분(독립어)으로 나눈다. 이에 대한 간단한 정리를 다시 살펴보자.

주어 문장의 주체가 된다. 대화할 때에는 주로 생략되는 경우가 흔하다. 아시다시피 조사 '-이/가', 보조사 '-은/는' 등이 붙어서 실현된다.

목적어 문장에서 목적, 수단, 도구 등이 된다. 주로 '-을/를'이 붙어서 실현된다.

서술어 문장에서 끝을 맺는 것들이다. 다양한 '종결 어미'로 실현되는 경우가 대부분이다.

보어 문장을 풍성하게 만들어 주는 모든 표현을 '보어'라고 할 수 있지만, 학교문법에서는 '무엇이 되다', '무엇이 아니다'와 같은 형식에서, '되다', '아니다' 바로 앞에 쓰이는 것만을 보어로 한정하고 있다.

관형어 주로 '-은/는 체언(주로 명사)'의 모습으로 실현된다. 뒷말을 꾸며주는 성분을 말한다.

부사어 부가적으로 쓰여서 말을 풍성하게 해 주는 표현과 '-에, -에게, -에서, -와/과' 등처럼 - 주어와 목적어를 실현하는 조사를 빼면 대부분 해당하는 - 조사들로 실현된다. 물론 조사 없이 쓰이는 '굉장히, 너무, 많이, 아주, 매우' 등등도 모두 부사어로 보면 된다.

독립어 문장 안에서 다른 성분들과 직접적인 관계를 맺지 않고 독립적으로 쓰이는 문장 성분을 말한다.

문장에서 성분을 구분하는 이유는 뭘까? 하나의 문장이(홑문장이든 겹문장이든) 의미하는 바는 다양하다. 사실을 표현하기도 하고 상황을 전달하기도 하고 마음을 전하기도 한다. 여러 요소들의 적절한 문법적 결합은 문장이 의도된 다양한 의미와 기능을 적절하게 수행할 수 있도록 만들어 준다. 문장에서 의도와 의향을 드러내는 요소는 다양하다(부사어, 성조, 종결 방식 등). 그런데 그중에서 가장 명확하고 분명한 요소는 종결의 방식이라고 할 수 있다. 화자/필자의 의도가 가장 명확하게 드러나는 지점이기 때문이다.

의향법=종결법

종결은 말이나 글을 끝맺는 방식을 말한다. 문장을 종결할 때에는 화자나 글쓴이의 의도가 반영되기 때문에 종결법을 따로 의향법이라고 하기도 한다.

보통 글을 '-다'의 형식으로 끝맺거나 '-아요/어요'의 형식으로 끝맺는 것을 평서형이라고 하고, 물음표 '?'를 붙이는 형식을 의문문이라고 한다. 의문문을 만드는 종결 어미는 '-아요/어요?', '-입니까/습니까?', '-느냐/냐?' 등이 있다. 평서형과 의문형 외에도 무엇인가를 권하는 청유형이 있는데 이는 보통 '하자/합시다'의 형식으로 실현된다. 그런데 우리에게는 이들 각각에 대한 지식이 필요한 게 아니다.

종결법이란 문장이 끝나는 방식에 불과하다. 그러니 종결에 관계하는 다양한 어미를 이해하지 않을 수 없는데, 어미는 화자나 글쓴이의 의도를 나타내 주기 위해서 다양한 방식으로 기능한다. 이때의 기능을 정리한 것이 하나의 문법범주가 되는 것이다. 그러므로 종결법을 이해한다는 것은 어미의 기능을 안다는 것이고 어미의 기능은 다양하게 비교되기 때문에, 종결의 어미를 연결의 어미와 비교 이해해야 한다는 결론에 이르게 된다.

종결이나 연결의 어미에는 반드시 과거나 현재, 미래(의도나 추측 등)의 시제가 표시되고 이들은 문장 내의 성분들과 호응되기 마련이다. 그러므로 종결법,

시제법이라고 불리는 문법 범주는 어미에 대한 이해와 문장의 호응에 대한 이해로 다시 연결된다.

문장을 끝내는 방식은 그 생산자의 의도(意圖/의향(意向))에 관계한다. 설명을 하거나, 묻거나, 감탄하거나, 명령하거나 권하는 것으로 나눌 수 있다.

이들을 각각 평서문, 의문문, 감탄문, 명령문, 청유문이라고 한다.

이 다섯 개의 방식은 외국인이 한국어를 배울 때에나 어렵고 중요한 거다. 우리는 다 안다. 다만 이들이 실현되는 양상 즉, 격식과 비격식의 실현이 어떻게 이루어지는지는 알고 갈만은 하다. 앞서 이야기한 것처럼 이들은 어미에 의해서 실현되고 경어법과 연결되기 때문이다. 그렇다고 해도 이것 역시 다음 내용을 확인하는 수준으로도 충분하다.

평서문	-다, -(으)ㄴ다/는다, -아요/어요, -요, -습니다, -입니다, -었다, -겠다 등으로 실현된다.
의문문	-니까? -습니까? -입니까? -어요? -(느)냐, -(느)ㄴ가? -더냐? 등으로 실현된다.
감탄문	-군요, -는구나, -는구려 등으로 실현된다.
명령문	-세요, -아라/어라, -게, -십시오 등으로 실현된다.
청유문	-(으)ㅂ시다, -자, -세 등으로 실현된다.

문장 종결은 이처럼 종결 어미에 따라서 그 종류가 결정된다. 하지만 구어 상황에서는 그 문장이 쓰인 상황이나 억양, 맥락에 따라서 결정되기도 한다.

→ 바깥이 추운 날, 문이 열리면 바로 찬바람이 들어오는 상황에서 누군가 문을 닫지 않고 들어왔다. 그 사람에게 "어이, 찬바람 숭숭 들어오는데 문 좀 닫읍시다."라고 말한다. 이 문장 자체는 평서형을 취하고 있지만 이 문장은 명령문으로 봐야 할 것이다.

간단 정리

1. 문장성분은 주성분과 부속성분으로 크게 나눈다.

    주성분: 주어, 목적어, 서술어, 보어

    부속성분: 관형어, 부사어

    독립성분: 독립어

2. 종결은 말이나 글을 끝맺는 방식을 말한다. 문장을 종결할 때에는 화자나 글쓴이의 의도가 반영되기 때문에 종결법을 따로 의향법이라고 하기도 한다.

3. 종결에 관계하는 다양한 어미는 화자나 글쓴이의 의도를 나타내 주기 위해서 다양한 방식으로 기능한다.

4. 종결이나 연결의 어미에는 반드시 과거나 현재, 미래(의도나 추측 등)의 시제가 표시되고 이들은 문장 내의 성분들과 호응되기 마련이다. 그러므로 종결법, 시제법이라고 불리는 문법 범주는 어미에 대한 이해와 문장의 호응에 대한 이해로 다시 연결된다.

5. 문장 종결은 종결 어미에 따라서 그 종류가 결정된다. 하지만 구어 상황에서는 그 문장이 쓰인 상황이나 억양, 맥락에 따라서 결정되기도 한다.

5. 의향법과 종결법

> **생각쪽지**
> 1. 다음 문장을 문장성분으로 구분해 보자.
>   우리는 오늘부터 한국어 문법론을 공부하게 되었다.
> 2. 이 문장에서 불필요한 문장성분이 있는가? 고민해 보자.

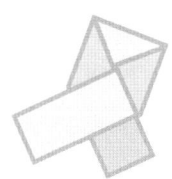

5.2. 문장성분과 다양한 종결 양상

이제 문장 성분 각각에 대해서 예문과 함께 톺아보기로 하자.
그에 앞서 다음을 생각해 보자.

→ 주성분은 문장의 골격을 이루는 필수적인 성분이다.
→ 주어, 서술어, 목적어, 보어가 있다.
→ 그런데 보통 주어와 서술어는 반드시 필요한 성분이며, 목적어와 보어는 서술어의 성격에 따라 필요한 성분이라고 기술한다.

과연 그런가?

물론 문장이 실현되는 성격을 생각해 보면 주어의 성격을 지닌 단어 하나만으로, 서술어의 성격을 지닌 단어 하나만으로, 목적어와 보어의 성격을 지닌 단어 하나만으로도 대화는 이루어진다. 게다가 그 요소들은 그 자체로 각각 필수적이다.
예) 거기 누가 가? - 철수(가 갈 거야): 주어
    나 지금 가도 돼? - (그래 어서) 가!: 서술어
    뭘 먹을 거야? - 라면(을 먹을 거야): 목적어
    걔가 뭐가 됐다고? - 한국어 선생님(이 되었어): 보어

그런데 주성분이 아닌 부속 성분을 '주성분의 내용을 수식하여 뜻을 더해 주는 문장 성분'으로 정의하는 것은 문제가 있어 보인다. 이는 문장의 의미를 좀 더

자세하게 설명하거나 꾸미는 대상의 의미를 제한한다고 인식하고 있는 것인데…

과연 그런가?

관형어와 부사어가 부수적인 요소인가? '책을 보는 것'과 '좋은 책을 보는 것(좋은: 관형어)', '그가 가는 것'과 '그가 학교에 가는 것(학교에: 필수적 부사어 성분)', '그가 학교에 빨리 가는 것(빨리: 수의적 부사어)'에서 '좋은'과 '빨리'를 쓴 이유는 부수적인 것인가? 고민해 보지 않을 수 없다.

독립 성분 역시 마찬가지이다. 이들은 문장 안의 다른 성분들과 직접적인 관계를 맺지 않고 따로 떨어져 있는 성분일 뿐, 독립적으로 썼을 땐 다 그 이유가 있을 것이다.

이러한 전제하에 성분을 한번 톺아보기로 하자.

문장성분 톺아보기

주어 문장의 주체가 된다. 대화할 때에는 주로 생략되는 경우가 흔하다. 아시다시피 조사 '-이/가', 보조사 '-은/는' 등이 붙어서 실현된다. 문장에서 '누가(무엇이)' 해당하는 성분이다.
예) 성희**가** 웃는다.
　　아버지**께서는** 매일 늦게 들어오셨다.
　　차차 ∅ 드디어 졸업하다.
　　수정이**도** 밥을 먹었다.

서술어 문장에서 끝을 맺는 것들이다. 다양한 '종결 어미'로 실현되는 경우가 대부분이다. 주어의 동작, 상태, 성질 따위를 기술해 준다.
예) 수업이 재미있다.
　　공부가 좋다.
　　성범이는 의사(이)다.

서술어는 자기가 쓰이는 역할에 따라서 결합 요소의 개수를 지닌다. 이를 서술어의 자릿수라고 하는데, 한 자리, 두 자리, 세 자리로 나눌 수 있다.

① **한 자리 서술어:** 하나의 논항(argument)을 필요로 하는 서술어.
 예) 꽃이(주어) 피었다.
② **두 자리 서술어:** 두 개의 논항을 필요로 하는 서술어.
 예) 유주는(주어) 점심을(목적어) **먹었다.**
  오영이는(주어) 영화캐릭터와(부사어) **닮았다.**
  물이(주어) 얼음이(보어) **되었다.**
③ **세 자리 서술어:** 세 개의 논항을 필요로 하는 서술어.
 예) 경훈이가(주어) 내게(부사어) 최신 스마트폰을(목적어) **줬다.**
  그는(주어) 이번 일을(목적어) 교훈으로(부사어) **삼았다.**

목적어 문장에서 목적, 수단, 도구 등이 된다. 서술어가 지배하는 대상이 되는 성분이다. 주로 '-을/를'이 붙는다(표기상/발화상 생략되거나, 강조의 경우 다른 보조사로 대체되거나, 보조사와 함께 쓰이는 경우가 많다.).
예) 그는 수학**을** 좋아한다.
  나 그 사람 ∅ 좋아해.
  그는 영어**도** 좋아한다.
  오직 그대**만을** 사랑해.

보어 문장을 풍성하게 만들어 주는 모든 표현을 '보어'라고 할 수 있지만, 학교문법에서는 '무엇이 되다', '무엇이 아니다'와 같은 형식에서, '되다', '아니다' 바로 앞에 쓰이는 것만을 보어로 한정하고 있다.
예) 선욱이가 교수**가 되었다.**
  성범이는 범인**이 아니다.**

관형어 주로 '-은/는 체언(주로 명사)'의 모습으로 실현된다. 뒷말을 꾸며주는 성분을 말한다.

예) 성희는 **새** 옷을 입었다.
　　나는 **마음이 착한** 사람이 좋다. (관형절이 관형어가 된다.)
　　한국은 가을**(의)** 경치가 아름답다.

부사어 부가적으로 쓰여서 말을 풍성하게 해 주는 표현과 '-에, -에게, -에서, -와/과' 등처럼 - 주어와 목적어를 실현하는 조사를 빼면 대부분 해당하는 - 조사들로 실현된다. 물론 조사 없이 쓰이는 '굉장히, 너무, 많이, 아주, 매우' 등등도 모두 부사어로 보면 된다. 주로 용언을 꾸며 준다. 특정한 성분을 꾸며주는 성분 부사어와 문장 전체를 꾸며주는 문장 부사어, 접속의 상황에 쓰이는 접속 부사어가 있다. 그리고 문장을 구성하는 데 반드시 필요한 필수적 부사어가 있다.

① **성분 부사어**: 특정한 성분을 꾸며 준다.
　예) 날씨가 **참** 좋다. (서술어 '좋다'를 꾸며 준다.)
　　　성범이는 **아주** 새 사람이 되었다. (관형어 '새'를 꾸며 준다. *아주-되었다가
　　　성립하지 않으므로 문장 부사어가 못 된다.)
② **문장 부사어**: 문장 전체를 꾸며 준다.
　예) **설마** 오영이가 그런 일을 했겠어?(설마 이하 문장 전체를 꾸며 준다)
　　　과연 김성범은 훌륭하구나!(과연 이하 문장 전체를 꾸며 준다.)
③ **접속 부사어**: 단어나 문장을 이어 주는 기능을 한다.
　예) 원서 교부 **및** 접수는 강당에서 합니다.
　　　그리고 오늘도 형일이는 오지 않았다.
④ **필수적 부사어**: 앞의 부사어들이 생략이 가능한 반면, 생략할 수 없는 부사어 '에, 에게,에서, 와' 등을 말한다.
　예) 경훈이가 오영이**에게** 옷을 사 줬다.
　　　성희는 수지**와** 닮았다.
　　　유주는 오늘도 학교**에** 갔다.

독립어 문장 안에서 다른 성분들과 직접적인 관계를 맺지 않고 독립적으로 쓰이는

문장 성분을 말한다. 주로 감탄이나 부름, 응답, 문두(文頭)의 제시어 등으로 쓰인다.

 예) 아하! 그런 방법도 있었구나!
   원철아, 너 정말 노래를 잘하는구나.
   예, 알겠습니다.
   봄, 이는 듣기만 하여도 가슴 설레는 말이다.

간단 정리

1. 서술어는 자릿수에 따라서 한 자리 서술어, 두 자리 서술어, 세 자리 서술어로 나뉜다.
2. 주성분은 문장의 골격을 이루는 필수적인 성분이다. 보통 주어와 서술어는 반드시 필요한 성분이며, 목적어와 보어는 서술어의 성격에 따라 필요한 성분이라고 기술한다.
3. 부속 성분은 주성분의 내용을 수식하여 뜻을 더해 주는 문장 성분이다. 이 역시 문장의 의미를 좀 더 자세하게 설명하거나 꾸미는 대상의 의미를 제한한다고 인식하고 있다.
4. 독립 성분은 문장 안의 다른 성분들과 직접적인 관계를 맺지 않고 따로 떨어져 있는 성분을 말한다.

6. 시제와 종결법

> **생각쪽지**
> 1. 다음 문장의 시제는 어떻게 실현된 것인지 생각해 보자.
>   우리는 오늘부터 한국어 문법론을 공부하게 되었다.
> 2. 앞 문장의 시제를 다른 시제로 바꾸어 보자.

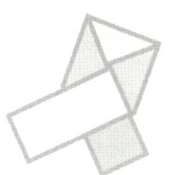

　문장에 드러나는 시간 표현을 두루 일컬어 시제라고 한다. 보통 종결의 양상을 보고 결정한다. 학교 문법에서 시제는 과거, 현재, 미래로 나눈다. 시제에 관한 논의는 조금만 깊게 들어가면 다시 보고 싶지 않을 정도로 복잡하다. 그러니 우리는 우리에게 필요한 만큼만 보고 알고 가자.

	발화시	사건시	시제
오늘, 지금 영화를 본다.	지금	지금	현재
어제 영화를 보았다.	지금	어제(지금의 이전)	과거
내일 영화를 볼 거다/보겠다.	지금	내일(지금의 나중)	미래

　이야기를 하고 있는 바로 그 시점의 시간을 발화시(發話時)라고 한다. 그리고 사건이 일어난 시간을 사건시(事件時)라고 한다. 별거 아니다. 다음 문장을 보자.

	발화시	사건시	시제
철수는 지금 학교에서 열심히 공부하더라.	지금	지금	현재
피자가 빨리 오면 좋을 텐데…	지금	나중	미래
그때 전화를 안 받았다면 좋았을 텐데…	지금	그때	과거
밥이 곧 되겠다.	지금	곧(나중)	미래
고향은 지금 참 덥겠다.	지금	지금	현재

　종결에 쓰인 어미로 시제를 파악하는 것은 중요하지만 반드시 그 때문에 시제가 결정되는 것이 아니다. 내용에 드러나는 사건의 시제가 중요하다.

6.1. 시제를 드러내는 다양한 요소

지금의 시간보다 앞선 시간을 과거라고 한다. 그리고 지금의 시간 뒤에 올 시간을 미래라고 한다. 앞과 뒤의 관점이 다른 사람들은 자기가 이해하는 방식으로 이해하면 된다. 어쨌든 시간의 선후에 따라서 시제는 과거-현재-미래로 구분한다. 그런데 현대 언어학에서는 '엄밀히 말해서 미래시제란 없다'처럼 이해하기도 한다. 미래의 시점은 오지 않은 것이므로 미래라는 시제를 실현하는 것이 아니라 현재 이후의 바람, 추측, 의도 등을 실현하는 표현으로 이해하는 것이다.

학교문법에 준해서 시제를 이해해 보기로 하자. 이때 시제를 드러내는 다양한 요소를 중점에 두고 이해하는 것이 좋다.

과거 시제 사건이 일어난 시간(사건시)과 발화가 일어나는 시간(발화시)보다 앞선 것을 말한다. 앞섰다는 것은 이미 일어났다는 의미다. 용언과 결합하는 어미와 시간을 나타내는 부사어 등을 사용하여 실현한다.

① 과거 시제 선어말 어미 '-았-/-었-': 어제 그녀를 **만났다.**
　　　　　　　　　　　　　한국 겨울은 매우 **추웠다.**
　　　　　　　　　　　　　그가 **범인이었다.**
→ 동사, 형용사, 명사와 결합하여 과거의 사실, 상황, 상태를 드러낸다.
② 선어말 어미 '-더-': 생각 없이 정말 많이 **먹더라.**
　　　　　　　　　　어쩐지 그날은 운이 **좋더라.**
　　　　　　　　　　알고 보니 좋은 **사람이더라.**
→ 동사, 형용사, 명사와 결합하여 과거의 판단, 증거, 회상 등을 드러낸다.
③ 관형사형 어미 '-(으)ㄴ': 어제 **먹은** 고기처럼 맛있는 고기를 먹고 싶다.
→ 동사와 결합하여 과거의 시제로 쓰였을 때로 제한할 수 있다.
→ '그녀의 예쁜 가방'처럼 쓰였을 때는 시제가 드러나지 않는다.
　 이 구절만 보면 현재라고 할 수 있다.
④ 시간을 나타내는 부사어: **어제** 그는 집에 들어오지 않았다.
→ 어제, 그제, 아까, 조금 전 등의 표현 등을 말한다.

현재 시제 사건이 일어난 시간(사건시)과 발화가 일어나는 시간(발화시)이 일치하는 것을 말한다. 용언과 결합하는 어미와 당장의 시간을 나타내는 부사어 등을 사용하여 실현한다.

① 동사-현재 시제 선어말 어미 '-는-/-ㄴ-': 저기 뛰어간다. 참 잘 먹는다.
② 형용사-∅: 날씨가 맑다. 건물이 높다.
③ 명사-이다: 김소리는 중학생이다.
④ 관형사형 어미 '-는', '-(으)ㄴ': 달리는 기차를 막을 수는 없다.
　　　　　　　　　아름다운 풍경을 보면 기분이 좋다.
　　　　　　　　　대학원생인 주원은 열심히 공부한다.
→ 관형사형으로 실현된 구절만으로는 사실 시제를 규정할 수 없다. 문장이 실현되는 종결의 양상에 따라서 달라질 수 있다.
→ '달리는 기차를 막을 수는 없었다.' 이 문장의 시제는 과거(완료)이지만 이 안에서 기차의 행위 즉, '달리는 기차'는 '진행상'으로 볼 수 있다.
⑤ 시간을 나타내는 부사어: 김원장은 지금 진료를 본다.
　→ 지금과 비슷해 보이지만 '당장, 바로, 막' 등의 부사어들은 사실 현재 시제로 쓰이지 않는 경우가 많다. 당장 와라(미래: 바람). 바로 갈게(미래: 의도), 막 도착했을 때(과거)처럼 다른 시제에 쓰이는 경우가 많다.

미래 시제 발화가 일어나는 시간(발화시)이 사건이 일어날 시간(사건시)에 앞설 때를 말한다. 용언과 결합하는 어미로 주로 실현되며 시제의 성격상 시간을 나타내는 부사어 등과 어울리며 실현된다.

① 미래 시제 선어말 어미 '-겠-': 내일 꼭 다시 와야겠다.
　　　　　　　　　　내일까지는 그 일을 마치겠습니다.
→ 미래에 쓰이는 '-겠-'은 의지와 추측에 많이 쓰인다. 따라서 '지금 서울에도 비가 오겠다.'는 현재의 사건에 대한 추측이고, '광장에 사람들이 만 명은 들어가겠다.'는 현재의 상황에 대한 추측이라고 할 수 있다. 이것들을 미래 시제로 넣는 것은 사실 무리가 있다.

② 관형사형 어미 '-(으)ㄹ', '-(으)ㄹ 것-': 우리는 할 일이 아직 많이 남았다.
　　　　　　　　　　　　　　　　　　내일은 비가 올 거예요.
→ 할 것, 할 거예요, 일 거예요 등으로 실현되는 아직 일어나지 않은 것들에 대한 바람과 의지를 드러낸다.
→ 그런데 '열심히 노력했다면 성공했을 것이다.'처럼 아직 일어나지 않은 일에 대한 판단을 할 때에도 쓴다. 이것 역시 미래 시제로 보기에는 무리가 있다.

동작상 어떤 발화가 이루어지는 시점에서 발화되는 내용의 동적 진행상을 판단하는 개념이다. 진행되고 있는지, 완료된 것인지, 예정된 것인지 등을 판단한다.

① 완료상: 시간의 흐름 속에서 어떤 동작이 이미 완료되었음을 표현하는 것이다. 과거 시제와 대체로 일치한다. '-어 놓다', '-어 버리다', '-고서' 등으로 실현된다.
예) 순원이가 그림을 그려 놓았다.
　　선욱이가 과자를 다 먹어 버렸다.
　　그녀는 일을 끝내고서 회사를 나섰다.
② 진행상: 시간의 흐름 속에서 어떤 동작이 진행되고 있음을 표현하는 것이다. '-고 있다', '-어 가다', '-(으)면서' 등으로 실현된다.
예) 정현이가 노래를 부르고 있다.
　　빨래가 다 말라 간다.
　　그녀가 미소를 지으면서 다가왔다.
③ 예정상(전망상): 시간의 흐름 속에서 어떤 동작이 예정되어 있음을 표현하는 것이다. '-게 되다', '-게 하다', '-려고', '-고자', '-러' 등으로 실현된다.
예) 내일부터 연구실에 나가게 되었다.
　　오영은 밥을 먹으려고 한다.

간단 정리

1. 문장에 드러나는 시간 표현을 두루 일컬어 시제라고 한다. 보통 종결의 양상을 보고 결정한다. 학교 문법에서 시제는 과거, 현재, 미래로 나눈다.
2. 이야기를 하고 있는 바로 그 시점의 시간을 발화시(發話時)라고 한다. 그리고 사건이 일어난 시간을 사건시(事件時)라고 한다.
3. 종결에 쓰인 어미로 시제를 파악하는 것은 중요하지만 반드시 그 때문에 시제가 결정되는 것이 아니다. 내용에 드러나는 사건의 시제가 중요하다.
4. 동작상: 같은 시점에서 어떤 동작이 진행 중인지, 완료된 것인지 등을 표현하는 것을 말한다.

6. 시제와 종결법

> **생각쪽지**
> 1. 다음 문장은 어떤 의도로 발화된 것인지 생각해 보자.
>   우리 오늘부터 한국어 문법론을 열심히 공부하자!
> 2. 이 문장의 서술어를 바꿔서 다른 의도를 가진 문장으로 만들어 보자.

6.2. 종결에 관계하는 다양한 요소

앞서 살펴본 문장의 구조는 이랬다.

오늘도 한국어 교원이 되기 위해서	나는 (어려운) 공부를 열심히 하고 있다.
종속절/부사절	주어 서술절
	공부를(목적어)
	열심히(부사어)
	하고 있다(서술어)

이 문장의 서술어를 찾아보자. (이어진 문장의 앞부분은 '되기 위하다'가 서술을 담당하고 있지만) 결국 전체 문장의 서술은 '-고 있다'로 끝을 맺었다.

문장의 끝에서 종결의 형태와 내용, 기능을 이해하는 것은 매우 중요하다. '-고 있다'의 성격은 어떠한지, 더 나아가서 '-어 있다'와는 어떻게 다를지 등을 알아보자.

-어/아/여 있다	-고 있다

1) 먹고 있다 = (a subject is) eating (an object)

　　(지금은) 저는 점심을 먹고 있어요. (O)

(지금은) 저는 점심을 먹어 있어요. (X)

I am eating my lunch meal right now/(I am) having my lunch right now.

2) 읽고 있다 = (a subject is) reading (an object)

저는 책을 읽고 있어요. (O)

저는 책을 읽어 있어요. (X)

I am reading a book.

3) 쓰고 있다 = (a subject is) writing (an object)

선생님은 칠판에서 글을 쓰고 있어요. (O)

선생님은 칠판에서 글을 써 있어요. (X)

'먹다, 읽다, 쓰다'의 현재 진행형을 나타낼 때에는 '먹고 있어요, 읽고 있어요, 쓰고 있어요'처럼 쓴다. 이때는 '어 있다'와 결합할 수 없다. 그런데 '먹다, 읽다'는 아예 '먹어 있어요, 읽어 있어요'가 불가능하고 '쓰다'는 '써 있어요'의 형태적 결합이 가능한 것처럼 생각할 수 있다. 이때 '써 있어요'는 쓰는 행위의 진행이 아닌 '쓴 것'의 상태가 지속되는 것을 말하는 것으로 생각하기 쉽지만 사실 이때에는 '쓰여 있다'의 형태가 맞다. 무엇인가 '써진 것'을 이야기할 때에는 '쓰다'가 아닌 '쓰이다'에 '어 있다'가 결합되어야 하는 것이다. 이때의 종결은 평서, 존칭(해요체)가 된다.

종결의 방식은 언어마다 다를 수 있다. 종결의 중요성은 한국어를 언어교육의 측면에서 바라볼 때 더욱 극명하게 드러난다.

다음을 보자.

안녕하다 -세요 → 안녕하세요.
만나다 + 반갑다   만나 -서 반갑다.
                        -습니다. → 만나서 반갑습니다.

저 +는 [_____ -입니다].
         베트남 사람 -입니다.

이름 +이 뭐 -예요?
         제 이름 +은 [_____ -입니다].
         저 +도 베트남 사람 -입니다.

         안녕하세요?
         반갑 -습니다. 이름 +이 뭐 -예요?

         제 이름 +은 [_____ -입니다].
         저 +는 스위스 사람 -입니다.
         만나 -서 반갑 -습니다.

안녕하다	-세요
만나다	-(아)서
반갑다	-습니다
저	+는
사람	-입니다
이름	+이
뭐	-예요
제 이름	+은
	+도

*유학생을 위한 한국어 토픽 1(2019, 조형일 저)

이에서 '-세요', '-습니다, -입니다', '-예요/(이에요)' 등은 가장 기본적인 한국어 구어 문장의 종결 양상이라고 할 수 있다. 언어교육에서는 현재형, 평서형, 의문형 등등의 문장 종결 요소가 실현되는 이러한 한국어 종결 양상을 이해하고 이를 단계적으로 효과적인 방법으로 교수학습하는 것이 교육 중점이 된다.

종결은 다음처럼 그 호응에 신경을 써야 한다.

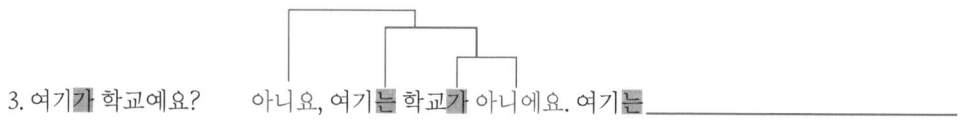

3. 여기가 학교예요?   아니요, 여기는 학교가 아니에요. 여기는 _____

각각의 서술어는 그것의 행위/상태 주체를 갖게 된다. 이처럼 종결을 실현하는 요소들은 문장의 성격에 따라서 하나 혹은 두 개 이상의 주어(행위주, 상태주)와 호응하게 된다.

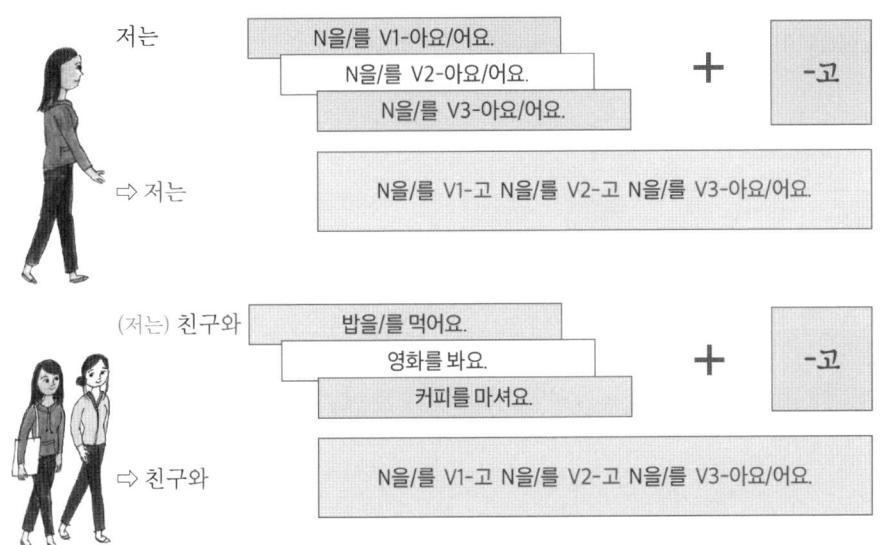

이에서 보이는 문장 구성의 형태를 '문형'이라고 부르고, 하나의 명사구를 논항(argument)으로 삼고 동사의 종결 형태가 이들과 어떻게 결합하는지를 교육의 내용으로 편제하게 된다. 이에서는 문장의 행위 주체 '저'가 행위의 목적 'N1, 2, 3'을 'V1, 2, 3'으로 실행하는 현재를 연결의 어미 '-고'로 이어서 드러내는 방법을 도식화하고 있다. 이처럼 문장 행위의 주체가 어떻게 끝을 맺는지에 따라서 문장의 의미가 완성되는데, 그것을 종결이 담당하게 되는 것이다.

종결은 시제와도 호응한다.

오늘은 수요일이에요. 내일은 목요일이에요. 모레는 금요일이에요.
어제는 화요일이에요
그제는 월요일이에요
오늘은 18일이에요. 내일은 19일이에요. 모레는 20일이에요.
어제는 17일이에요.
그제는 16일이에요.
저는 오늘 친구를 만나요.
저는 내일 친구를 만날 거예요.

저는 어제 영화를 봤어요.
저는 그제 열심히 공부를 했어요.

06 / 시제와 종결법

발화의 시점과 행위의 시점이 크게 섞이지 않는 상황에서, 오늘 이전의 시간과 오늘 이후의 시간이 실현되는 지점도 종결이다. 종결의 양상이 비슷해 보여도 여러 제약이 서로 다르게 적용되는 경우가 있다.

● 핵심 표현 KEY EXPRESSION

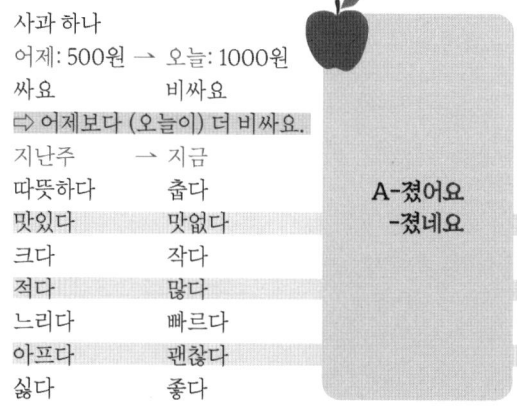

사과 하나
어제: 500원 → 오늘: 1000원
싸요   비싸요
⇨ 어제보다 (오늘이) 더 비싸요.

지난주 → 지금
따뜻하다 춥다
맛있다   맛없다
크다   작다
적다   많다
느리다   빠르다
아프다   괜찮다
싫다   좋다

A-졌어요
-졌네요

비싸졌어요.
비싸졌네요.
사과가 어제보다 (더) 비싸졌어요.
사과가 어제보다 (더) 비싸졌네요.

지난주보다 날이   추워졌어요/네요.
케이크가 지난주보다 맛없어졌어요/네요.
지난주보다 빵이   작아졌어요/네요.
지난주보다 사람이   많아졌어요/네요.
지난주보다 지하철이 빨라졌어요/네요.
(내) 몸이 지난주보다 괜찮아졌어요.
(내가) 그 사람이 지난주보다 좋아졌어요.

Subject 나(I) + A-졌어요(○)
            -졌네요(×) ← Available, but not at this level.

평서형, 존칭(해요체) 종결의 어미 '-어요'와 '-네요'는 이처럼 대부분의 경우 바꾸어 쓸 수 있다. 물론 말하는 이의 의도와 감정적인 수준의 선택에 있어서 약간의 차이가 있을 수 있다. 하지만 상호 교체가 충분히 가능하다는 점에서 이들은 거의 비슷한 종결의 양상이며 의미와 기능 측면에서도 별 차이가 없는 것으로 볼 수 있다. 그런데 행위의 주체가 '나'인 경우에는 '-어요'가 더 적절하다. '고마워요, 어제보다 (제 몸이) 훨씬 좋아졌네요.'처럼 쓸 수 없는 것은 아니지만 이 경우의 '-네요'는 무언가 다른 의도(비꼼이나 아쉬움 등)를 내포한 것으로 해석되기 쉽다. 위의 교재에서는 한국어 1급이라는 특수성을 고려하여 '-네요'를 쓰지 않도록 통제해 둔 것이다.

문장 종결에 관여하는 요소

동일한 형태의 문장 종결은 주어가 처한 상황에 따라서 적절할 수도 부적절해질 수도 있다. 따라서 문장의 종결은 주어 일치성, 시제성, 호응 그리고 의도 및 문장이 구현되는 상황까지 고려하여 해석해야 한다.

다음 대화를 보자.

● DIALOGUE / TEXT

안녕하세요, 여러분. 오늘은 한국어 9과를 배워요.
마리 씨는 어제 왜 안 왔어요?
　　　　　　　　　　아팠기 때문에 안 왔어요.
아, 아팠어요? 아파서 못 왔어요.
　　　　　　　　　　네, 아파서 못 왔어요.
어디가 아팠어요?
　　　　　　　　　　기침을 했어요. 그래서 병원에 갔어요.
　　　　　　　　　　마리 씨는 기침을 했으니까 병원에 갔어요.
기침을 했으니까 병원에 갔어요. 틀려요.
기침을 해서 병원에 갔어요. 맞아요.

선생님, '아팠기 때문에' 왜 안 돼요?
선생님, '기침을 했으니까' 왜 안 돼요?

'아팠기 때문에 안 왔어요'는 우선 의도가 아닌 능력의 부정이어야 하기 때문에 '아팠기 때문에 못 왔어요'로 써야 한다. 그리고 타인이 아닌 자신의 상황을 이야기하는 경우이고 그 원인이 결과의 직접적 이유인 경우 '아팠기 때문에 못 왔어요.'가 아닌 '아파서 못 왔어요.'로 호응되어야 한다. 아이가 아파서 아이를 돌보느라 내가 못 온 경우라면 '아이가 아팠기 때문에 나는 학교에 올(/갈) 수 없었다.'처럼 쓸 수 있다. 이는 다음처럼 도식화해 볼 수 있다.

아프다 -아요 > 아파요
아프다 -아서 > 아파서
학교에 못 왔어요.
왜? ← 아파서 못 왔어요.

내가 아팠기 때문에 내가 못 왔어요. ✕
내가 아팠기 때문에 그 사람이 못 왔어요. ○

내가 기침을 해서 내가 병원에 갔어요. ○
내가 기침을 했으니까 내가 병원에 갔어요. ✕

이처럼 문장의 종결은 주어의 상황에 따라서 적절할 수도 부적절해질 수도 있다.

문장을 구성하는 여러 문법 요소 중 연결의 어미는 앞 문장(선행절)과 뒤 문장(후행절)을 통사의미적으로 연결하게 된다. 따라서 이때에는 여러 제약이 따르게 된다. 그러므로 유사한 의미 기능을 갖는 연결 어미의 경우 어떤 경우에 제약이 걸리는지를 잘 이해할 필요가 있다.

어디에 가요?　　　- 병원에 가요
왜 병원에 가요?　　- 배가 아파요. 배가 아프　　　-어서/아서　　→ 아파서 병원에 가요.
　　　　　　　　　　　　　　　　　　　　　　　　　(≒ -니까)

일요일에 함께 영화를 볼까요?
미안해요. 바빠요. 일이 많아요.　　일이 많　　　　　　　　　　→ 많아서 영화를 볼 수 없어요.

기분이 좋아 보여요. 무슨 좋은 일이 있어요?
제가 좋아하는 사람이 이메일을 보냈어요. 이메일을 받아서 기분이 좋아요.

[내가 무엇을 했어요] 그래서 [내가 0000이에요] ⇦ 내가 기침을 해서 내가 병원에 갔어요. ○
[그가 무엇을 했어요] 그래서 [내가 0000이에요] ⇦ 친구가 상을 받아서 (내) 기분이 좋아요. ○

내가 기침을 했으니까 내가 병원에 갔어요. ✕
친구가 상을 받으니까 (내) 기분이 좋아요. ○

결국 문장을 구성하는 여러 요소들은 주체와 객체의 호응과 일치성, 시제성, 의도성 등이 고려되며 문법적 제약을 지키면서 결합되어야 하고 종결의 시점까지 고려되어야 하는 것이라고 할 수 있다.

간단정리

1. 종결의 형태는 문장을 이해하는 데에 매우 중요하다.
2. 종결은 말이나 글을 끝맺는 방식을 말한다.
   문장을 종결할 때에는 화자나 글쓴이의 의도가 반영되기 때문에 종결법을 따로 의향법이라고 하기도 한다.
3. 종결에 관계하는 다양한 어미는 화자나 글쓴이의 의도를 나타내 주기 위해서 다양한 방식으로 기능한다.
4. 종결이나 연결의 어미에는 반드시 과거나 현재, 미래(의도나 추측 등)의 시제가 표시되고 이들은 문장 내의 성분들과 호응되기 마련이다. 그러므로 종결법, 시제법이라고 불리는 문법 범주는 어미에 대한 이해와 문장의 호응에 대한 이해로 다시 연결된다.
5. 문장 종결은 종결 어미에 따라서 그 종류가 결정된다. 하지만 구어 상황에서는 그 문장이 쓰인 상황이나 억양, 맥락에 따라서 결정되기도 한다.

> *Useful Question type*
>
> 할 수 있겠어요?   ⇔ 할 수 있어요?
>
> √ 할 수 있어요?   ← Can you?
> √ 할 수 있겠어요?   ← Can you do now?
>   ← Can you available?
> ⇨ 네, 할 수 있어요(O) 네, 할 수 있겠어요(×)

'네, 할 수 있어요.'는 적절하나 '네, 할 수 있겠어요.'는 부적절한 종결이다.

7. 부정법

> **생각쪽지**
>
> 1. 다음 문장은 어떻게 부정을 실현하고 있는지 생각해 보자.
>   - 한국어 문법론은 여간 재미있지 않다.
>   - 한국어 문법론은 여간 재미있는 것이 아니다.
>   - 한국어 문법론은 한국어문법교육론과는 그 성격이 크게 다르지 않다고 생각한다.
>   - 어제 그녀를 못 만났다.
> 2. 다음 문장을 부정형으로 바꾸어 보자.
>   - 사람이 많다.
>   - 초대한 사람이 모두 왔다.
>   - 문법론은 조금 어렵다.

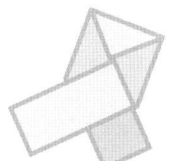

다음을 보자.

사람이 많다.
⇔ 사람이 많지 않다.   사람이 많이 오지 않았다.
⇔ 사람이 많이 없다.   사람이 많이 안 왔다.
                    사람이 많이 오지 못했다
                    사람이 많이 못 왔다.

먹고 싶다 ▶ 그래서 먹었다.
           ▶ 그런데 못 먹었다.   먹지 못했다.
           ▶ 하지만 안 먹었다.   먹지 않았다.
← 내가 그거 먹지 말라고 했지!
→ 먹다가 말았어. 그러니까 먹은 것은 아닌데… 먹지 않은 것도 아니고…
← *참 별로다, 너.

　여기 할 수 있는 것과 할 수 없는 것이 있다. 또 하고 싶은 것과 하고 싶지 않은 것이 있다. 세상의 일부분은 이렇듯 이분법적이다. 앞의 문장에서 부정이 어떻게 실현되었는지 즉각적으로 이해되는가? 부정은 너무도 명확해 보이지만 사실 꽤나 어려운 문법 범주라고 할 수 있다.

7.1. 부정의 양상: 의도 부정과 능력 부정

능력 부정

할 수 있는 것에 반하는 '할 수 없는 것'을 우리는 능력 없음 즉, '능력 부정'이라고 한다. 이들 문장은 주로 '못'이라는 부사어에 의해서 실현된다. 누구나 잘 알고 있듯 '못'은 '동사가 나타내는 동작을 할 수 없다거나 상태가 이루어지지 않았다는 부정의 뜻을 나타내는 말.'이다. '못 먹고, 못 가고, 못 타고, 못 하는 것' 들은 그래서 동사와 결합한다. '멋있고 예쁘고 건강한 것'도 능력이기는 하겠지만 언어적으로 형용사(멋있다, 예쁘다, 건강하다)는 멈춰진 상태로 본다. 그래서 여기에 능력이 발휘될 동적(動的) 순간을 부여하지 않는다.

능력의 부정은 〈못+동사〉의 형태와 함께 〈동사-지 못하다〉의 구성으로도 실현된다. 앞의 것은 짧은 것이어서 짧은 부정(단형 부정)이라고 하고 뒤의 것은 긴 부정(장형 부정)이라고 한다. 그리고 앞말이 뜻하는 상태에 미치지 아니함을 나타낼 때에는 형용사 뒤에서 '-지 못하다' 구성으로 쓰일 수 있다.

'편안하지 못하다/아름답지 못하다/음식 맛이 좋지 못하다./그런 태도는 옳지 못하다' 등처럼 가능하다. 기억해 두자. 이때는 반드시 긴 부정문만 가능하다.

*'잘생기다, 못생기다'의 품사는 뭘까? 이들은 원래 형용사였다. 그런데 동사로 바뀌었다. 고민해 볼 문제다. 사전을 한번 찾아보자.
- 2017년 표준국어대사전에서 '낡다', '못나다', '못생기다', '잘나다', '잘생기다' 등 5개 어휘의 품사가 형용사에서 동사로, '빠지다', '생기다', '터지다' 등 3개 어휘의 품사가 보조 형용사에서 보조 동사로 변했다.

의도(의지) 부정

하고 싶은 것을 할 수 없는 상황은 두 가지다. '할 수 없거나', '하고 싶지 않거나'이다.

그런데 할 수 있는 능력은 있지만 지금은 할 수 없을 때도 있다. 즉, 운전을 할 수 있는 능력을 가지고 있지만 지금은 피곤해서, 술을 먹어서, 졸려서 할 수 없는 상황이 있기도 하다(뭐 이때는 의도 부정이 아닌 그 잠깐의 능력 부정으로 봐야 하겠지만).

어쨌든 능력은 되는데 지금 내 마음이 하고 싶지 않은 것을 나타낼 때에는 '안 하다'와 '-지 않다'로 드러난다. 동작의 부정적 의도는 '안 먹고, 안 가고, 안 타고, 안 하는 것'들처럼 실현된다. 이 형태는 상태/상황의 부정을 나타내는 형태와 동일하다. '안 예쁘고, 안 편하고, 안 아프기'처럼 적는다.

이처럼 동사와 형용사(서술어를 만드는)의 부정형태는 짧은 표현 <안+동사/형용사>과 함께 <동사/형용사-지 않다>와 같은 긴 표현으로도 실현된다. 앞의 것은 짧은 것이어서 짧은 부정(단형 부정)이라고 하고 뒤의 것은 긴 부정(장형 부정)이라고 한다.

그런데 모든 단어가 짧은 부정의 형태를 허용하는 것은 아니다. '공부하다, 연구하다, 운동하다, 값싸다, 다다르다' 등의 단어들은 긴 부정이 더 어울린다.
예) ˀ안 공부하다, ˀ안 운동하다 *안 값싸다, *안 다다르다

명사를 부정할 때에는 주로 'N이/가 아니다'의 형태로 실현된다. 물론 형용사와 함께 이걸 의도 부정 안에 넣는 것은 상당히 껄끄럽기는 하다. 형태적으로 동종 계열(?)이어서 그렇다 정도로만 알아 두자.
*'명사-이다' 형태의 문장에서 '명사-이다'는 주로 주어의 속성을 나타낸다. 주어의 속성을 부정하고자 할 때는 '아니다'를 넣어 실현한다. 예) 저 사람은 한국인이 아니다.

부정의 문장 실현 양상

종류	짧은 부정문	긴 부정문	문장 종류
'안' 부정문	안 V/A	V/A-지 않다	평서문과 의문문
'못' 부정문	못 V/A	V/A-지 못하다	평서문과 의문문
'말다' 부정문		V-지 말다	명령문과 청유문

능력과 의도의 부정은 문장의 종결 형태 측면에서 보면 평서형과 의문형일 경우 실현된다. 그래서 '안 하는 것, 못하는 것'은 문장 주체의 의도와 능력을 기술하는 것으로 이해하면 된다. 그런데 화자가 청자에게 어떤 행위의 금지를 제안하거나

명령하는 경우에는 '-지 말다'의 형태로 실현된다. 각 상황별 문장의 실현 양상을 제약 중심으로 살펴보자.

'안' 부정문 제약 서술어가 파생어이거나 합성어일 때 '안'이 쓰이지 못하는 경우가 있다. 이때에는 긴 부정문은 허용한다.

(1) 가. 나는 서울로 이사했다.   ← 이사를 했다.
    나. ?/*나는 서울로 안 이사했다.   ← 이사를 안 했다.
    다. 나는 서울로 이사하지 않았다.   ← 이사를 하지 않았다.

그런데 누군가의 인식에는 '안 이사했다'가 옳게 해석될 수 있다. '이사를 안 했다'처럼 인식되는 것이다. 현대 국어에서는 안 부정문의 제약이 무너지고 있다고 봐야 할 것이다.

(2) 가. 그녀는 아름답다.   ← 예쁘다
    나. ?/*그녀는 안 아름답다.   ← 안 예쁘다
    다. 그녀는 아름답지 않다. (○)   ← 예쁘지 않다.

이처럼 '안 아름답다'역시 현대 국어에서는, 그 사용 측면에서, 비문법적이라고 하기 어려울 정도로 널리 쓰인다. '예쁘다'의 경우는 아예 '안 예쁘다'가 문법적으로 옳은 표현이다.

하지만 구어 상황에서 용인되는 경우를 인정하더라도 이런 경우에 긴 부정문 형태가 더 자연스러운 것은 부인하기 어렵다.

긴 부정문 시제 제약 긴 부정문의 경우 시제를 나타내는 '-았-/-었-/-였-', '-겠-' 등은 의미를 나타내는 동사/형용사와 결합하지 못한다. 보조 용언인 '-지 않다'에서 '않-'과 결합한다.

(3) 가. 미진이는 오늘도 일찍 오겠지?
나. 미진이는 오늘도 일찍 ~~오겠지 않지~~?
다. 미진이는 오늘도 일찍 오지 않겠지?

(4) 가. 어제는 날씨가 매우 추웠다.
나. 어제는 날씨가 매우 ~~추웠지 않다~~.
다. 어제는 날씨가 매우 춥지 않았다.

초점 제약 부정문은 보통 초점이 놓이는 대상 즉 부정하고자 하는 대상에 따라 해석이 달라진다.

(5) 자경이는 스마트폰을 안 샀습니다/사지 않았습니다.

	부정의 범위	의미 해석
1	자경	스마트폰을 산 사람은 자경이가 아니다. 다른 사람이다.
2	스마트폰	자경이가 산 것은 스마트폰이 아니라 다른 것이다.
3	사다	자경이는 사지 않고 구경만 했다.

따라서 부정문이 쓰인 문장은 그것이 실현된 상황과 맥락에 크게 좌우된다고 할 수 있다.

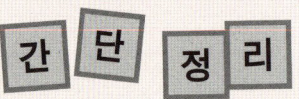

1. 부정은 할 수 없는 것, 하고 싶지 않은 것을 나타내는 표현이다.
2. 부정문은 긴 부정문(장형 부정)과 짧은 부정문(단형 부정)으로 나눌 수 있다.
3. 화자의 의향이 부정적인 것을 모두 부정문으로 부르지는 않는다.
4. 한 어휘를 부정의 표현으로 만들거나 대립어로 실현하기도 한다.
5. 청유나 명령의 부정, 부정의 정도성을 확인해야 한다.

7. 부정법

생각쪽지

1. 다음 문장은 어떻게 부정을 실현하고 있는지 생각해 보자.
   - 여기에 그것을 올려 두지 마세요.
   - 여기에 그것을 올려 두면 안 돼요.
2. 다음 문장을 부정형으로 바꾸어 보자.
   - 그 음식은 별로 좋아하지 않는다.
   - 모든 사람이 다 온 것은 아니다.
   - 모든 사람이 그 한 사람만을 사랑하는 것은 아니다.

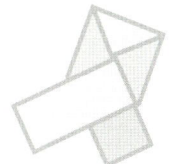

7.2. 부정의 양상: -지 말다 부정 및 부정극어

명령/청유의 부정

앞서 잠깐 살펴보았듯이 '-지 말다' 부정은 명령과 청유의 형태로 쓰이는 부정 표현이다. 원래 '말다'는 어떤 일이나 행동을 하지 않거나 그만둔다는 의미로 쓰인다.

이것은 '-거나 말거나', '-거니 말거니', '-나 마나', '-든지 말든지', '-ㄹ(을)까 말까' 따위와 같은 구성으로 쓰여 '아니하다'의 뜻을 나타낸다. 동사 뒤에서 '-지 말다' 구성으로 쓰여 앞말이 뜻하는 행동을 하지 못하게 함을 나타내는 말로 이해하면 된다.

그런데 이 '말다'는 동사 '-고(야) 말다' 구성으로 쓰여 '앞말이 뜻하는 행동이 끝내 실현됨을 나타내는 말'로 쓰이기도 한다. 이때에는 일을 이루어 낸 데 대하여 긍정적인 생각 또는 부정적이고 아쉬운 느낌이 있음을 나타낸다.

예전에는 명령형 어미 '-아(라)'가 결합하는 경우에는 '마, 마라'로 써야만 했다. 그래서 "가지 *말아.", "떠들지 *말아라."는 틀린 거였다. 그런데 2015년에 바뀌었다. 국어원에서는 이를 "현실적으로 언중들이 '말아/말아라'로 많이 쓰고 있다는 점이 인정되어 현재는 '말다'의 직접 명령형으로 '말아/말아라'도 쓸 수 있게 바뀌었다"고 밝히고 있다.

각 상황별 문장의 실현 양상을 제약 중심으로 살펴보자.

문장 종결 제약 '-지 말다'는 동사와 결합하여 명령문과 청유문으로 실현된다. 그러므로 당연히 명령문과 청유문의 서술어가 될 수 없는 형용사나 '명사-이다'와 결합하여 부정문을 만들 수 없다.

(1) 가. 성희는 (지금보다 더) ~~예쁘지 마라.~~
나. 우리는 더 ~~행복하지 말자.~~
다. 너는 지금부터 ~~형이지 마라.~~
라. 우리 이럴 거면 ~~교사이지 말자.~~

'행복하다, 건강하다'와 같은 형용사를 '*행복하세요, *건강하세요'처럼 일상적으로 쓰다 보니(문법적으로는, 이 시점까지, 아직 틀린 용법이다.) 언뜻 보면 '행복하지 말자'가 옳은 것처럼 느껴지기는 하지만, 아니다.

시제 제약 명령과 청유의 상황을 생각해 보면 시제를 나타내는 '-았-/-었-/-였-', '-겠-', '-더-' 등이 서술어가 결합하는 상황에서 '-지 말다'를 쓸 이유가 없다.

(2) 가. 진혁아, 사과를 ~~먹었지 마라.~~
나. 용혁아, 사과를 ~~먹겠지 마라.~~
다. 성희야, 사과를 ~~먹더지 마라.~~

희망과 바람의 부정 직접적인 명령과 청유의 형태가 아닌 문장 형태로서 희망과 기대를 드러내는 표현과 함께 '-지 말다' 부정문을 쓰는 경우가 있다.

(3) 가. 나는 네가 거기에 가지 말기를 바란다/희망한다/원한다.
가'. 나는 네가 거기에 가지 않기를 바란다/희망한다/원한다.
나. 나는 네가 거기에 가지 말았으면 좋겠다/한다.
나'. 나는 네가 거기에 가지 않았으면 좋겠다/한다.

이들 표현처럼 말하는 사람의 희망이나 바람을 나타내는 문장의 경우 '-지 말다'보다 '-지 않다'가 더 자연스럽다. 형용사의 경우 다음처럼 쓰는 것을 보면 바람을 나타내는 경우 '-지 말다'보다 '-지 않다'를 쓰는 것이 더 일반적이라는 것을 알 수 있다.

(4) 가. 날씨가 덥지 말았으면 좋겠다.
　　 가′. 날씨가 덥지 않았으면 좋겠다.

부정극어

부정문에서만 나타나는 특정한 단어들을 '부정극어'라고 한다. '결코, 절대로, 과히, 그다지, 비단, 별로, 도무지, 도저히, 더 이상, 하나도, 아무도, 추호도, 조금도' 등의 단어들로 문장을 만들어 보면 이들을 왜 부정극어라고 하는지 분명하게 이해할 수 있다.

(5) 가. 나는 결코 범인이 아니다.
　　 나. 절대로 못할 거라고 생각했다.
　　 다. 그의 상황은 과히 좋아 보이지 않았다.
　　 라. 그 색깔은 그다지 마음에 들지 않는다.
　　 마. 그가 늦는 것은 비단 어제 오늘만의 일이 아니다.
　　 바. 제 말에 추호도 거짓은 없습니다.

예문 가에서 마는 '않다, 못하다, 아니다'와 호응하고 있고 예문 바는 '없다'라는 단어와 호응하고 있다. '없다, 부족하다, 모자라다' 등의 어휘는 인지적으로 '있어야 할 것, 채워진 것'에서 부족한 상황을 나타내므로 부정의 영역으로 해석한다.

부정극어로 불리는 이들 표현은 부정의 정도를 강화하거나 극대화하는 강한 부정의 의미를 나타낸다고 할 수 있다.

이중 부정법

앞서 우리는 부정이 어떤 성분을 초점화하느냐에 따라서 그 해석이 달라질 수 있다는 것을 보았다. 이제 한 문장 안에 부정 표현이 두 번 이상 나타나는 양상을 간단하게 살펴보자. 사실 이중부정법은 긍정의 내용을 드러내므로 이 단원에서 이야기하는 것이 아이러니하다고 할 수 있겠다.

우리는 강한 긍정을 나타내기 위해서 부정을 이중적으로 사용한다.

(6) 이번에는 네가 가지 않으면 안 된다.
 → 이번에는 네가 **반드시** 가야 한다.

이 문장은 [[가다] + [-지 않다]]의 결합으로 [안 가다]가 성립된 후 다시 [[안 가다] + [안 된다]]로 결합되는 구성이다. 그래서 결국 [가야 한다]가 된다. 그런데 두 번 부정을 한 이유는 '강조'이므로 강조되었다는 성격을 드러내기 위해서 '반드시'와 같은 강조의 표현을 넣어서 해석하는 것이 일반적이다.

그런데 의도의 부정인 '안' 부정과 달리 능력의 부정인 '못' 부정은 이중 부정이 불가능하다. 의도는 강조될 수 있지만 능력(할 수 없는)을 강조할 필요는 없기 때문이다.

(7) 가. ~~자경이가 학교에 못 가지 못했다.~~
 나. ~~자경이가 학교에 안 가지 못했다.~~
 다. ~~자경이가 학교에 못 가지 않았다.~~
 라. 자경이가 학교에 안 가지 않았다.

이처럼 이중의 부정으로 강조를 하는 경우에는 안 부정문의 이중부정 형태로 '안 -지 않다'로 실현되어야 한다. 그런데 다음을 보자.

(8) 걔가 그걸 왜 못 했다고?
 - 못 하지 않았어, 못 한 게 아니라 안 한 거지. 걔는…

이런 대화 상황에서 마치 이중부정으로 실현된 것처럼 보이는 이 형태는 '못했다'를 부정하는 표현으로 봐야 한다.

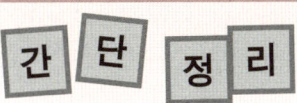

1. 명령의 형식으로 전달되는 부정은 동작의 중지를 요청한다.
2. 지 말다의 형식은 '-거나 말거나', '-거니 말거니', '-나 마나', '-든지 말든지', '-ㄹ(을)까 말까' 따위와 같은 구성으로 쓰여 '아니하다'의 뜻을 나타낸다
3. 부정문에서만 나타나는 특정한 단어들을 부정극어라고 한다.
4. 결코, 절대로, 과히, 그다지, 비단, 별로, 도무지, 도저히, 더 이상, 하나도, 한 개도, 아무도, 추호도 조금도 등의 단어들이 쓰인다.

8. 사동법과 피동법

> **생각쪽지**
>
> 1. 다음 문장은 어떻게 사동을 실현하고 있는지 생각해 보자.
>   - 어머니께서 아이에게 옷을 입히신다.
>   - 어머니께서 아이에게 옷을 입게 하신다.
> 2. 다음 문장을 사동형으로 바꾸어 보자.
>   - 그가 책을 읽었다.
> 3. 이때 새롭게 필요한 요소(문장성분)가 무엇인지 확인해 보자.

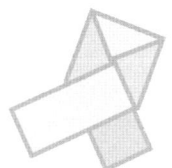

 주지하듯 문장이란 하나의 마침표로 끝나는, 생각의 단위다. 문장을 이끌어가는 주체와 서술어, 그리고 그 대상이 되는 논항 즉, 성분으로 이루어진다. 이때 주체와 대상 간의 관계에 따라서 서술어의 형식이 바뀌는데 이를 가장 잘 반영하는 문법이 바로 피동과 사동이다.

 피동(被動)은 말 그대로 동작을 당하는 거다. 하는 것이 아니라 당하는 것이니 할 때 쓰는 표현과 당할 때 쓰는 표현은 다를 것이 분명하다.

 사동(使動)은 시키는 거다. 하지 않고 시켜서 하게 만든 것이니 이 역시 표현이 달라져야 하는 것은 당연하다.

 이 둘은 모두 -동(動)의 형태를 지녔다. 동작과 관련한 것이어서 주로 동사가 변한다(형용사 단어를 동사처럼 바꿔서 쓰기도 한다.).

 이들 피동과 사동은 문장에서 글쓴이가 대상에 대해서 갖고 있는 인식을 판단하게 해 준다.

 모든 문장에는 주체와 서술어가 있다. 경우에 따라서는 주체가 생략되기도 한다. 다음 문장을 보자.

　　　　오늘 (나는) 밥을 먹고 차를 마셨다. ← [나] …… [먹다][마시다]

 이 문장에서 행위의 주체는 나이고 내가 한 것은 무엇인가를 먹고 마신 거다. 그 무엇 즉, 내용에 해당하는 것이 밥과 차가 된다. 그런데 밥과 차의 입장에서 보면 얘기가 달라진다.

???오늘 (나에게) 밥은 먹혔고 차는 마셔졌다.[13]

비록 밥과 차가 유정성이 없는 명사여서 이 문장이 말도 안 되게 어색해지기는 하였으나, 나에게 모두 먹힌 것은 틀림없다.

이처럼 내가 한 것이 아니라 당한 것들의 입장에서 기술하려다 보니 '먹었다, 마셨다'가 '먹혔다, 마셔졌다'로 바뀌게 되었다. 하나의 동사가 능동(能動)이 아닌 피동(被動)으로 바뀌게 되는 이유는 문장에서 주체가 바뀌었기 때문이다. 이처럼 피동의 문장에서는 주체가 동작을 당하게 된다는 것을 나타낸다. 이에 반해 사동은 주동의 문장에서 시킴을 당하는 것을 말한다. 다음 문장을 보자.

오늘 (나는) 밥을 먹었다

이 문장 역시 행위의 주체는 나이고 내가 한 것은 무엇인가를 먹은 거다. 그 무엇 즉, 내용에 해당하는 것이 밥이 된다. 그런데 이 문장에서는 내가 나의 의도로 밥을 먹은 것으로 해석할 수 있지만 다음 문장에서는 얘기가 달라진다.

오늘 어머니께서 (나에게) 밥을 먹였다/먹여 주셨다.

이 문장에서는 기존 문장에는 없는 어머니(행위자)가 들어왔고 이 행위자에 의해서 내가 밥을 먹게 되었다는 것을 나타내고 있다. 그래서 '먹다'의 완료형 '먹었다'에 사동을 만들어 주는 접사 '-이-'가 추가되어서 '먹였다(먹이었다)'가 되었다.

사동은 이처럼 누가 누구에게 무엇인가를 하게 만드는 것을 말한다. 따라서 피동의 경우 서술어의 주체(당하는 사람)가 분명한데 반해서 사동의 서술어는 시키게 한 것과 시킴을 당해서 행동을 한 것 모두에 걸려 있다.

피동과 사동은 동사(일부 형용사)에 결합하는 접사(피동접사: -이-, -히-, -리-,

---

13) 문장 앞에 쓰이는 물음표는 비문은 아니지만 어색하다는 것을 문장을 나타낸다. 하나는 조금 어색하다, 두 개는 조금 많이 어색하다, 세 개는 비문이다 싶을 정도로 어색하다는 것을 뜻한다.

-기 // 사동접사: -이-, -히-, -리-, -기-, -우-, -구-, -추-, -애-)로 실현되기도 하고, 통사적 구성(피동: -게 되다 // 사동: -게 하다)에 의해서 실현되기도 한다. 이에 더하여 피동은 '-아/어지다'나 서술격 조사(이다)를 사용한 일부 명사 뒤에 '-되다'를 붙여서도 실현된다. 사동 역시 서술격 조사를 사용한 일부 명사 뒤에 '-시키다'를 붙여서 실현되기도 한다. 이제 그 구성 원리와 방식에 대해서 살펴보기로 하자.

8.1. 사동의 구성 원리와 방식

사동은 간단히 말해서 '누가, 누구에게, 무엇을, 시키는 것'을 말한다. 그런데 자세히 살펴보면 행위의 주체가 초점에 따라서 다르다는 것을 알 수 있다. "1. 행위의 주체가 2. 행위의 대상에게 3. 무엇인가를 (대상이) 하도록 만드는 것"을 말하기도 하고, "1. 행위의 주체가, 2. 행위의 대상에게 3. 어떤 행위를 입힌 것"을 말하기도 한다. 그러므로 사동의 서술어는 시키게 한 것과 시킴을 당해서 행동을 한 것 모두에 걸려 있다고 할 수 있다. 예문으로 이해해 보자.

(1) 가. 아이가 옷을 입었다.
　　← [아이] + [입다] : 아이가 입는 행위를 한 것이다. 주동문이다.

나. 엄마가 아이에게 옷을 입혔다.
　　← [[엄마]+[입히다]] + [아이]: 엄마가 입히는 행위를 했다.
　　← 옷을 입은 것은 아이지만 입다라는 행위를 한 것은 엄마이다.
　　⇨ 1. 행위의 주체가, 2. 행위의 대상에게 3. 어떤 행위를 입힌 것이다.

다. 엄마가 아이에게/아이가 옷을 입게 했다.
　　← [엄마] + (만들다)[[아이]+[입다]]
　　← 옷을 입은 것도 아이이고 입다라는 행위를 한 것도 아이이다.
　　엄마는 아이가 옷을 입도록 만들었다.
　　⇨ 1. 행위의 주체가 2. 행위의 대상에게 3. 무엇인가를 (대상이) 하도록 만든 것이다.

앞서 말한 것처럼 사동은 동사에 접사(사동접사: -이-, -히-, -리-, -기-, -우-, -구-, -추-, -애-)를 결합하여 실현되기도 하고, 통사적 구성(피동: -게 되다 사동: -게 하다) 방식으로 실현되기도 한다. 그리고 서술격 조사를 사용한 일부 명사 뒤에 '-시키다'를 붙여서 실현되기도 한다. 예문을 통해서 이들 구성 양상에 대해서 살펴보자.

접사에 의한 사동 동사(일부 형용사)에 접사(사동접사: -이-, -히-, -리-, -기-, -우-, -구-, -추-, -애-)를 결합하여 실현된다. 모든 동사가 접사에 의해서 사동이 되는 것은 아니다.

(2) 자동사가 사동사로 바뀜.
    가. '-이-': 끓다→끓이다, 녹다→녹이다, 속다→속이다, 죽다→죽이다
    나. '-히-': 눕다→눕히다, 앉다→앉히다, 익다→익히다
    다. '-리-': 날다→날리다, 돌다→돌리다, 살다→살리다, 얼다→얼리다,
           울다→울리다
    라. '-기-': 남다→남기다, 웃다→웃기다, 숨다→숨기다
    마. '-우-': 깨다→깨우다, 비다→비우다

(3) 타동사가 사동사로 바뀜.
    가. '-이-': 먹다→먹이다, 보다→보이다
    나. '-히-': 업다→업히다, 입다→입히다, 읽다→읽히다, 잡다→잡히다
    다. '-리-': 알라→알리다, 물다→물리다
    라. '-기-': 감다→감기다, 뜯다→뜯기다, 맡다→맡기다, 벗다→벗기다,
           안다→안기다
    마. '-우-': 지다→지우다

(4) 형용사가 사동사로 바뀜.
    가. '-이-': 높다→높이다

나. '-히-': 넓다→넓히다, 좁다→좁히다, 밝다→밝히다
다. '-구-': 달다→달구다
라. '-추-': 낮다→낮추다, 늦다→늦추다
마. '-애-': 없다 -> 없애다

이들을 이용해서 문장을 만들어 보자.

통사적 구성에 의한 사동 접사가 붙어서 이루어지는 방식과 다르게 '-게'와 보조동사 '하다/만들다'가 결합한 형태로 만드는 방식을 말한다. 앞서 말했듯 모든 동사가 접사와 결합하여 사동을 실현하지 못하는 데에 반해서 통사적 방식인 '-게 하다' 사동은 거의 대부분의 동사를 사동으로 만들 수 있다는 장점을 갖는다.

(5) 가. 학생들은 모두 집에 갔다.
    나. 선생님은 학생들이/을 집에 가이었다.
    다. 선생님은 학생들이/을/에게 집에 가게 했다.

'옷을 입혔다/옷을 입게 했다, 밥을 먹였다/밥을 먹게 했다'처럼 두 가지 형태가 모두 성립하는 경우가 있으나 이에서 보이듯 '가게 했다'는 문법적으로 옳지만 '가이었다'의 형태는 성립하지 않는다.

사동의 결합 제약 문장의 주체를 무언가로 만들어준 경우(이다와 결합하는 때)거나 시간의 표현과 결합하는 경우, 높임의 표현을 나타내는 때에도, 접사에 의한 결합과 통사적 구성에 의한 결합 선택과 방식에 있어서 제약이 있다. 다음 예문을 보자.

(6) 가. 그는 그녀를 진정한 가수로 만들었다.
    나. 그는 그녀를 진정한 가수이게 했다. ← 이다
    다. 그는 그녀를 진정한 가수가 되게 했다.

'N이게 했다'처럼 쓰는 건 정말 이상하지만 'N이 되게 했다'도 어색하기는 하다. 그렇기 때문에 이와 같은 표현을 쓸 때에는 사동 표현이 아닌 다른 표현으로 쓰는 것이 더 적절하다고 봐야 한다.

이 말은 즉 어떤 문장이라도 사동으로 만들 수 있다가 아니라 어떤 문장이 사동문으로 쓰는 것이 적절할 때, 접사에 의한 사동과 통사적 구성에 의한 사동 중 어느 것이 적절할지 고려해야 한다는 것을 말한다.

통사적 사동 실현 시 시제 표현과 결합하는 경우 부정의 경우처럼 시제 요소의 자릿값에 제약을 받는다.

(7) 가. 성희가 동생에게 밥을 ~~먹었게 하다~~.
    가′. 성희가 동생에게 밥을 먹게 했다.

높임 요소와 결합하는 경우, 사동접사와 높임의 선어말어미는 함께 결합한다. 통사적 구성의 경우 높임의 선어말어미 '-시-'와 결합하는 경우 자릿값 제약이 거의 없는 편이다.

(8) 가. (아버지께서) 할머니를 자리에 앉**히시**었다.
    (손자인) ~~내가 할머니를 자리에 앉히셨다.~~
    (손자인) 내가 할머니를 자리에 앉혀 드렸다.
   나. (아버지께서) 어머니를 시장에 가게 하**셨**다.
    (아들인) ~~내가 어머니를 시장에 가게 하셨다~~.
   다. (아버지께서) 어머니를 시장에 가**시**게 하였다.
    (아들인) 내가 어머니를 시장에 가시게 하였다.
   라. (아버지께서) 어머니를 시장에 가**시**게 하**셨**다.
    (아들인) ~~내가 어머니를 시장에 가시게 하셨다~~.

이처럼 말하는 주체와 행위의 주체, 그리고 시킴을 받는 주체 간의 위계에 따라서 통사적 구성은 그 성립 제약을 받게 된다. 이는 앞서 배운 종결, 높임의 상황과 함께 고려해야 하는 부분이다.

접사 -시키다에 의한 사동 사동을 만드는 요소 중 '-시키다'에 의해서 실현되는 양상도 있다.

예) 발표시키다, 연습시키다, 운동시키다

1. 사동(使動)은 시키는 것: 하지 않고 시켜서 하게 만든 것이니 이 역시 표현이 달라진다.
2. 사동은 주동의 문장에서 시킴을 당하는 것을 말한다.
3. 사동은 동사에 결합하는 접사(사동접사: -이-, -히-, -리-, -기-, -우-, -구-, -추-, -애-)로 실현된다.
4. 사동은 통사적 구성(사동: -게 하다)에 의해서 실현되기도 한다.

8. 사동법과 피동법

> **생각쪽지**
> 1. 다음 문장은 어떻게 피동을 실현하고 있는지 생각해 보자.
>   - 어머니께서 아이를 안았다.
>   - 아이가 어머니께 안겼다.
> 2. 다음 문장을 피동형으로 바꾸어 보자.
>   - 정부가 다리를 건설했다.
> 3. 이때 새롭게 필요한 요소(문장성분)가 무엇인지 확인해 보자.

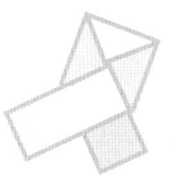

8.2. 피동의 구성 원리와 방식

피동(被動)은 말 그대로 동작을 당하는 것을 말한다. 하는 것이 아니라 당하는 것이니 할 때 쓰는 표현과 당할 때 쓰는 표현은 다를 것이 분명하다. 앞서 살펴보았듯 피동과 사동은 모두 -동(動)의 형태를 지녔다. 동작과 관련한 것이어서 주로 동사가 변한다(형용사 단어를 동사처럼 바꿔서 쓰기도 한다. 이들 피동과 사동을 통해서 우리는 문장에서 글쓴이가 대상에 대해서 갖고 있는 인식을 판단할 수 있다.

피동의 구성 원리 모든 문장에는 주체와 서술어가 있다. 경우에 따라서는 주체가 생략되기도 한다. 다음 문장을 다시 보자.

오늘 (나는) 밥을 먹고 차를 마셨다. ← [나] …… [먹다][마시다]

앞서 우리는 이 문장에서 행위의 주체는 나이고 내가 한 것은 무엇인가를 먹고 마신 거라는 것에 동의했다. 그리고 밥과 차의 입장에서 보면 얘기가 달라진다는 것을 확인했다.

???오늘 (나에게) 밥은 먹혔고 차는 마셔졌다.

비록 밥과 차가 유정성이 없는 명사여서 이 문장이 말도 안 되게 어색해지기는 하였으나, 나에게 모두 먹힌 것은 틀림없다.

이처럼 내가 한 것이 아니라 당한 것들의 입장에서 기술하려다 보니 '먹었다, 마셨다'가 '먹혔다, 마셔졌다'로 바뀌게 되었다. 하나의 동사가 능동(能動)이 아닌 피동(被動)으로 바뀌게 되는 이유는 문장에서 주체가 바뀌었기 때문이다. 이처럼 피동의 문장에서는 주체가 동작을 당하게 된다는 것을 나타낸다.

피동은 동사에 결합하는 접사(피동접사: -이-, -히-, -리-, -기-)로 실현되기도 하고, 통사적 구성(피동: -게 되다)에 의해서 실현되기도 한다. 그리고 '-아/어지다'나 서술격 조사(이다)를 사용한 일부 명사 뒤에 '-되다'를 붙여서도 실현되기도 한다. 다음을 보자.

(1) 가. 미진이 아기를 안았다. (능동문)
　　나. 아기가 미진에게 안겼다. (피동문)

(2) 가. 용혁은 성희를 혼냈다.
　　나. ?성희는 용혁에게 혼나게 되었다.[14]

(3) 가. 술이 담긴 병을 깼다.
　　나. 술이 담겨진 병을 깼다.

이들 예문에서 보이듯, 피동은 능동문과 명확하게 대응되기도 하고, 능동문으로 쓰는 것이 더 적절하기도 하며, 피동 표현과 능동 표현에 차이가 없어 보이는 경우도 있다.

피동 구성의 양상 피동 역시 접사에 의한 것과 통사적 구성에 의한 것으로 정리해 볼 수 있다. 다음 예문을 보자.

(4) 가. '-이-': 놓다-놓이다, 보다-보이다, 묶다-묶이다, 섞다-섞이다,

---

14) 이 경우 '혼났다'로 쓰는 것이 더 적절해 보인다. 한국어는 능동형 문장을 쓰는 것이 어법적으로 더 나은 언어라고 할 수 있다.

쌓다-쌓이다, 쓰다-쓰이다, 파다-파이다
나. '-히-': 닫다-닫히다, 먹다-먹히다, 묻다-묻히다, 박다-박히다,
밟다-밟히다, 얹다-얹히다, 잡다-잡히다
다. '-리-': 누르다-눌리다, 듣다-들리다, 물다-물리다, 밀다-밀리다,
풀다-풀리다
라. '-기-': 감다-감기다, 끊다-끊기다, 안다-안기다, 찢다-찢기다

이들은 피동 접사가 결합하여 피동사가 된 것의 예를 보인 것이다. 이들을 이용해서 문장을 만들어 보자.
그런데 피동접사와 사동접사는 '-이-, -히-, -리-, -기-'의 형태가 겹친다. 따라서 문장이 실현된 표면형이 동일한 경우가 있다.

(5) 가. 저 멀리 바다가 보였다. (피동)
성희가 유주에게 연필을 보여 주었다. (사동)
나. 좋은 책은 시대를 초월해서 읽힌다. (피동)
유주는 오늘부터 아이에게 책을 읽혔다. (사동)
다. 그녀 손에 가방이 들려 있었다. (피동)
그녀는 그에게 가방을 들렸다. (사동)
라. 그에게 돈을 뜯겼다. (피동)
아침마다 소에게 풀을 뜯긴다. (사동)

이들과 다르게 피동은 '어지다', '-되다'나 '-당하다', '-받다' 등과 결합하여 실현되기도 하며 '-게 되다'와 결합하여 통사적으로도 실현된다.

(6) 가. 그 빵은 명장에 의해 만들어졌다.
나. 그 어렵던 난제가 용혁에 의해 풀렸다.
다. 정부에 의해 다리가 건설되었다.
라. 친구가 낯선 사람에게 모욕당했다.
마. 채윤이는 모두에게 사랑받는다.

보통 한국어는 피동문보다 능동문을 써서 표현하는 것이 좋다고 한다. '칭찬/야단/꾸중'은 들어야 하는 것이지 들릴 수 없다. 하지만 날씨는 풀려야 하고, 손에 못은 박혀야 한다. 감기에는 걸려야 하고 난처한 입장에는 반드시 놓여야만 한다. 이건 인간이 당하는 주체인 경우, 그리고 불가항력적인 피해를 받는 경우에 해당한다. 더 많은 예를 한번 찾아보자.

간단정리

1. 피동(被動)은 말 그대로 동작을 당하는 것을 말한다.
2. 하나의 동사가 능동(能動)이 아닌 피동(被動)으로 바뀌게 되는 이유는 문장에서 주체가 바뀌었기 때문이다.
3. 피동은 동사에 결합하는 접사(피동접사: -이-, -히-, -리-, -기 / 사동접사: -이-, -히-, -리-, -기-, -우-, -구-, -추-, -애-)로 실현된다.
4. 피동은 통사적 구성(피동: -게 되다)에 의해서 실현되기도 한다. 그리고 피동은 '-아/어지다'나 서술격 조사(이다)를 사용한 일부 명사 뒤에 '-되다'를 붙여서도 실현되기도 한다.

9. 높임법

> **생각쪽지**
> 1. 다음 문장은 어떻게 높임을 실현하고 있는지 생각해 보자.
>   - 철수가 어머니께 꽃을 드렸다.
>   - 아버지께서 어머니께 꽃을 주었다.
> 2. 다음 문장을 높임법을 적용하여 바꾸어 보자.
>   - 그가 책을 읽었다.
>   - 너 지금 어디 가?
> 3. 이때 새롭게 필요한 요소(문장성분)가 무엇인지 확인해 보자.

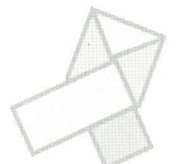

한국어의 경어법 체계는 이미 여러분 모두 그리고 매우 잘 알고 있듯이 치밀하면서도 어렵다. 그래서 사용자들은 매우 엉성한 사용 환경에 처해 있다고 할 수 있다. 규칙이 잘 짜여 있기는 하지만 복잡해서 일상생활에서 완벽하게 제대로 반영해서 쓰는 것이 사실 어려운 문법이라고 할 수 있는 것이다. 다음을 보자.

철수가 영희에게 꽃을 주었다.	철수	영희	꽃	주다
철수가 어머니께 꽃을 드렸다.	철수	어머니	꽃	드리다
아버지께서 어머니께 꽃을 주었다.	아버지	어머니	꽃	주다
아버지께서 어머니께 꽃을 주셨다.	아버지	어머니	꽃	주시다
아버지께서 어머니께 꽃을 드렸다.	아버지	어머니	꽃	드리다

첫 번째 문장은 경어법이 적용될 조건이 없다. 두 번째 문장은 문장의 주어는 동일하지만 객체 즉 대상이 '어머니'로 바뀌었다. 그래서 철수는 어머니께 꽃을 '주지' 못한다. 꽃을 '드려야' 한다. '주다'라는 어휘가 '드리다'라는 어휘로 바뀌었다. 조사 역시 '에게'에서 '께'로 바뀌었다.

세 번째, 네 번째, 다섯 번째 문장은 주어 즉 주체와 부사어(여격)인 객체가 모두 바뀌었다. 이 문장을 쓰거나 말하는 사람에게 이 문장에 쓰인 '아버지'와 '어머니'가 모두 윗사람인 경우인데, 이 경우 이들 모두 성립하기는 한다. 그런데 이 경우에는 아버지가 어머니보다 심리적, 사회적으로 높다는 인식이 적용하게 된다. 그래서 아버지는 어머니에게 꽃을 주기도 하고(아버지>어머니), 주시기도 한다(아버지>말하는 사람). 그리고 드릴 수도 있다(어머니>아버지). 일상적인 문법에서는 네 번째 문장이 통상 맞는 문법이라고 판단한다. 하지만 이처럼 관계에 따라서 존칭을 실현하는 데에는 미세하게 다른 적용이 가능하다.

우리는 여기에서 높임을 실현하기 위해서 조사가 바뀌거나 어휘가 바뀌거나 '주다→주시다'처럼 '-시-'라는 선어말어미(先語末語尾)를 쓴다는 것을 알았다. 아는 사실을 확인한 것에 지나지 않을 터이니 이런 질문이 가능해질 듯하다. '뭐가 어렵다는 거지?'

9.1. 높임의 유형과 실현 방식

높임은 문장의 주체가 높임의 초점이 되는 주체높임법과 문장의 객체 즉 손님 같은 요소가 초점을 받는 객체높임법 그리고 대화 시 서로 간의 관계에 따라서 실현되는 상대높임법으로 나뉜다. 이들 각각의 실현 양상을 예를 통해서 알아보기로 하자.

주체높임법 문장의 주체가 되는 주어가 곧 높임의 대상이 된다. 주로 높임을 드러내 주는 조사와 어휘, 높임의 선어말어미 '-시'와 결합하여 실현된다. 주체를 높이는 것이기 때문에 자신이 자신을 이야기하는 경우 즉, 1인칭인 주어는 높이지 않는다.

(1) 어제 할아버지**께서** 서울에 오**셨**다.
    ← 어제 수정이가 서울에 왔다.

문장의 주어가 '할아버지'이므로 조사와 서술어 부분에서 높임을 실현했다. 이 경우는 대부분 아무 문제없이 이해할 수 있다. 그런데 주체를 간접적으로 높이는 경우가 있다.

(2) 가. 할머니께서는 마음이 무척 넓으시다.[15]

　　나. 새로 산 모자가 어머니께 잘 어울리신다.

예문 가는 [[[할머니]+[께서]]+[[마음]+[넓다]]]의 결합이니 '넓으시다'는 '할머니'와 호응하지 않고 '마음'과 호응한 것이 된다. '넓으시다'의 IC(적접구성요소: 직접 결합하는 것)가 '마음'인 것이다. 그리고 이것은 '할머니의 마음'이기 때문에 높임이 실현될 조건이 되었다고 해석할 수 있다. 이와 마찬가지로 예문 나 역시 '모자'와 '어울리신다'가 호응되고 있다.

이처럼 문장의 실체적 주체가 소유하고 있는 어떤 것이 그 문장 표면에 주어로 실현되고 이 때문에 높임이 적용되는 경우도 주체높임법으로 본다.

객체 높임법 문장의 객체가 되는 성분이 곧 높임의 대상이 된다. 주로 높임을 드러내 주는 조사와 어휘와 결합하여 실현된다. 객체를 높이는 것이기 때문에 높임의 선어말어미 '-시-'와 결합하는 상황이 제한적으로 실현된다. 앞의 예문을 다시 가져다 보자.

| 철수가 영희에게 꽃을 주었다. | 철수 | 영희 | 꽃 | 주다 |
| 철수가 어머니께 꽃을 드렸다. | 철수 | 어머니 | 꽃 | **드리다** |

첫 번째 문장은 높임이 적용될 조건이 없다. 그런데 두 번째 문장은 문장의 주어는 동일하지만 객체 즉 대상이 '어머니'로 바뀌었다. 그래서 철수는 어머니께 꽃을 '주지' 못한다. 꽃을 '드려야' 한다. '주다'라는 어휘가 '드리다'라는 어휘로 바뀌었다. 조사 역시 '에게'에서 '께'로 바뀌었다.

(3) 가. 내가 아버지를 모셔다 드렸다.

　　나. 그가 어머니를 오시게 했다.

---

15) 이 문장은 학교 문법 측면에서 서술어로 안긴문장이 된다. 앞의 어딘가 참조.

문장에서 객체를 높이는 상황을 한번 생각해 보자. 나 또는 누군가가 다른 어떤 사람에게 행위를 하는 경우가 대부분이다. 따라서 '주다-드리다, 데리다-모시다'처럼 매우 제한적으로 쓰고 있음을 확인할 수 있다. 대부분의 경우에서 높임의 선어말어미 '-시-'와 결합하는 상황은 잘 일어나지 않는다. 그런데 예문 나처럼 오시게 하고 가시게 하는 경우에 제한적으로 실현된다.

주체높임과 객체높임을 구분하는 가장 쉬운 방법은 서술어가 어떤 성분 때문에 실현된 것이냐를 보면 된다.

상대 높임법 마주 보고 대화하는 상대 때문에 높임이 실현된 것을 말한다.

		평서형	의문형	명령형	청유형	감탄형
격식체	하십시오체 (아주높임)	-(으)ㅂ니다	-(으)ㅂ니까?	-(으)십시오	-(으)시지요	x
	하오체 (예사높임)	-(으)오	-(으)오?	-(으)오	-(으)ㅂ시다	-(으)구려
	하게체 (예사낮춤)	-네	-(느)ㄴ가?	-게	-세	-(는)구먼
	해라체 (아주낮춤)	-(는/ㄴ)다	-(느)냐? / -니?	-(어/아)라	-자	-(는)구나
비격식체	해요체 (두루높임)	-아요 / -어요	-아요? / -어요?	-아요 / -어요	-아요 / -어요	-아요 / -어요
	해체 (두루낮춤)	-아 / -어	-아? / -어?	-아 / -어	-아 / -어	-아 / -어

보통 이처럼 종결형에서 격식체, 비격식체로 나누어 정리해 볼 수 있다. 그런데 요즈음의 현대 국어에서는 상대높임의 실현이 그리 엄격하지 않은 양상을 보이고 있다. 반말과 존댓말이 하나의 대화 안에 혼재하는 상황이 흔해진 것이다. 이를 문법/어법/화법적으로 보면 일종의 파괴라고 봐야 할 것이나 변화의 과정으로 보고 예의주시할 필요가 있다.

(4) 가. 어디 갔었어? 한참 찾았잖아요.
　　나. 김 선생님은 집이 어디예요?
　　　- 신림동요.
　　아! 거기. 잘 알지. 나도 거기 살았었어요.

상대 때문에 실현된 것은 맞지만 이처럼 반말이 적절히 섞이는 상황은 사실 문법적으로는 틀린 것으로 본다. 서로의 약속이고 규약이기 때문에 아직은 그렇다.

규범에 기대면 '어디 갔었어요?, 거기요, 잘 알지요, 저도'처럼 써야 한다.

일상적 현대 한국 대화는 해체(반말)-해요체(-어요)-합쇼체(-입니다/습니다)로 실현된다. 그런데 영어나 중국어의 경우 동일한 표현으로 실현되더라도 친구끼리의 대화인 경우 해체로 번역하고 그 외의 상황은 해요체로 번역하는 것을 볼 수 있다. 그런데 우리는 이들 언어권에서는 처음 만난 상황이면서 대화의 위계가 필요해 보는 사이에도 반말을 하는 것으로 인식한다. 이건 재고해 볼 필요가 있다. 영어나 중국어는 기본적으로 반말을 하는 게 아니라 해요체를 쓰는 것으로 이해해야 한다. 기분 나빠하지 않기 때문이다.

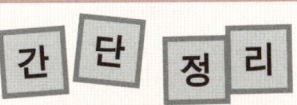

1. 주체를 높이는 방법은 서술어를 높이거나 주체에 속한 어휘를 높여서 실현한다.
2. 문장에서 경어법을 묻는 것은 아주 명확한 상황을 가정하고 묻게 마련이다.
3. 높임을 실현하기 위해서 조사가 바뀌거나 어휘가 바뀌거나 '주다→주시다'처럼 '-시-'라는 선어말어미(先語末語尾)를 쓴다.
4. 객체 높임은 문장의 주어가 아닌 다른 요소를 높임의 대상으로 삼는 것을 말하고 상대 높임은 마주 보고 대화하는 상대를 높이는 어법이다.

9. 높임법

> **생각쪽지**
>
> 1. 다음 문장은 어떻게 높임을 실현하고 있는지 생각해 보자.
>   할머니, 차 드세요.(←마시다)할아버지께서는 5년 전에 돌아가셨습니다.(←죽다)
> 2. 다음 단어를 높임표현으로 바꾸어 보자.
>   있다→(   ), 먹다→(   ), 마시다→(   ), 아프다→(   )
> 3. '선생님께서 말씀하셨다.'와 '한 말씀 올리겠습니다.'에 쓰인 '말씀'은
>   어떻게 다른지 생각해 보자.

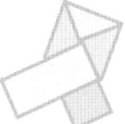

9.2. 어휘적 높임과 통사적 높임

앞서 살펴본 것처럼 높임은 (조사를 포함하여) 높임의 어휘를 쓰거나 서술어에 높임의 선어말어미 '-시-'를 결합한 형태로 실현된다. 이에서는 이들 양상에 대해서 예문을 통해서 살펴보기로 한다.

어휘적 높임 일상적인 표현과 높임의 표현이 구분되는 어휘가 있을 때, 높임의 어휘를 선택하여 실현시키는 것을 말한다. 주체, 객체, 상대높임법 모두에 적용된다. 다음 문장은 어떤 높임법에 해당하는지 생각하면서 읽어보자.

(1) 가. 선생님, 차 드세요.   (← 마시다)
    나. 아버지께 선물을 드렸다.   (←   )
    다. 나는 할머니를 모시고 공원에 갔다. (←   )
    라. 내일 뵙고 말씀드리겠습니다.   (←   )

상대를 높이는 상황과 주어를 높이는 상황, 객체를 높이는 상황을 구분해 보고 어떤 단어가 바뀌어서 실현된 것인지 확인해 보자.

다음 단어들은 평칭과 존칭 동사와 형용사의 어휘쌍을 나타낸 것이다.

있다 → 계시다	먹다 → 드시다, 잡수시다
마시다 → 드시다	아프다 → 편찮으시다
자다 → 주무시다	죽다 → 돌아가시다
말하다 → 말씀하시다	데리다 → 모시다

높임법은 동사와 형용사의 어휘 교체를 통해 실현하거나 조사, 명사 어휘 교체를 통해서도 실현된다.

(2) 가. 아버지께 선물을 드렸습니다. (에게 → 께)
　　나. 할아버지, 진지 드십시오. (밥 → 진지)
　　다. 아저씨, 성함이 어떻게 되십니까? (이름 → 성함)
　　라 연세를 여쭤 봐도 될까요? (나이 → 연세)

다음 단어들은 평칭과 존칭 명사 어휘쌍을 나타낸 것이다.

이 → 치아	집 → 댁
아내 → 부인	선생 → 선생님
생일 → 생신	딸 → 따님

이에서 보이듯 일부의 명사는 어휘가 완전히 바뀌기도 하고 존칭을 나타내는 접사 '-님'을 결합시켜 만들기도 한다. 존칭 명사 외에도 '뭐예요 → 어떻게 되세요'처럼 복합적인 표현으로 실현되기도 한다.

어휘적 높임은 평칭을 높임으로 바꾸어 실현하기도 하지만 '나 → 저', '말 → 말씀: 제 말씀 좀 들어보세요.'처럼 자신을 낮추어서 실현시키기도 한다.

통사적 높임 주체높임 또는 객체높임을 실현하는 서술어 중 '-(으)시-'와 결합하는 방식, 또는 경어법을 실현하는 종결형이 결합된 것을 말한다. 다양한 종결어미, 연결어미로 상대높임을 실현하는 것도 통사적 높임이라고 할 수 있다.

(3) 가. 어제 할아버지께서 서울에 오**셨**다. ⇐ 주체높임, 통사적
  ← 어제 수정이가 서울에 왔다.
 나. 할머니께서는 마음이 무척 넓**으시**다.
 다. 새로 산 모자가 어머니께 잘 어울리**신**다.

(4) 가. 그가 어머니를 오**시**게 했다.   ⇐ 객체높임, 통사적
 나. 내가 아버지를 모셔다 드렸다.   ⇐ 객체높임, 어휘적

'아버지를 모셔다 드렸다'는 '누구를 데려다 주다'와 비교해 보면 어휘적이라는 것을 알 수 있다.

(5) 가. 어디 가**세요**?   ⇐ 상대높임, 통사적
 나. 김 선생**님**은 집이 어디**세요**? ⇐ 상대높임, 어휘적, 통사적

'어디 가?'와 비교해 보면 '어디 가세요?'가 상대높임이 실현된 것임을 알 수 있다. 예문 나는 '선생**님**, 어디**세요**'이니까 어휘적, 통사적으로 상대높임을 실현하고 있다고 이해할 수 있다.

실현 양상 톺아보기 다음은 한국어를 가르치는 교재 일부분이다.

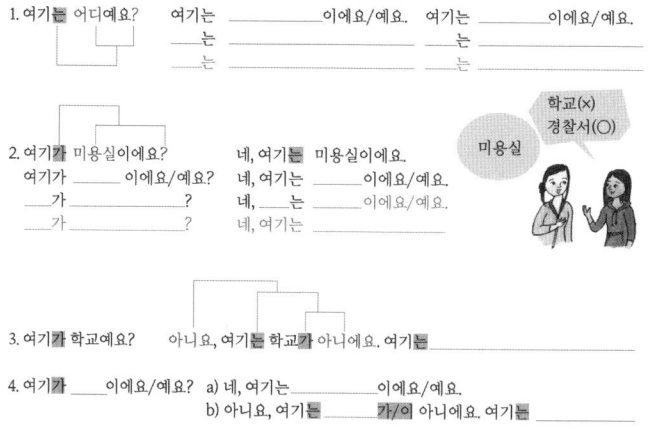

주로 대화쌍으로 이루어지는 방식으로 구성되었으며 해요체로 이루어진 것을 확인할 수 있다. 받침의 유무에 의해서 '-예요'와 '-이에요'를 구분하고 있다. 아래 부분은 동사와 '-어요' 결합 시 그 활용형에 초점을 두고 있는 것을 확인할 수 있다.

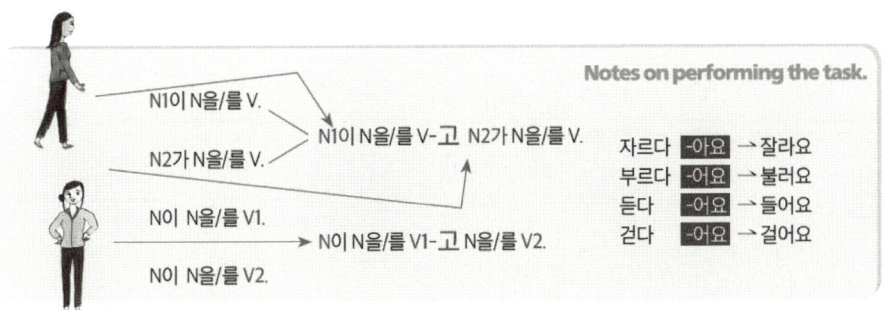

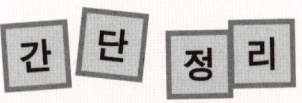

1. 높임은 통사적인 방법과 어휘적인 방법으로 실현된다.
2. 이들은 복합적으로 고려하여야 한다. 조사와 어휘가 함께 바뀌는 경우가 많다.
3. 한국어의 능력 중에는 높임을 나타내는 다양한 어휘를 이해하고, 적절하게 적용하는 능력이 중요하다.
4. 때로는 부적절한 호응이 더 자연스럽게 보이는 구어 상황이 존재한다.

제2부

언어 기능의 가교로서
한국어 문법

제2부는 말하고, 듣고, 쓰고, 읽는 언어 기능의 네 영역 차원에서 문법을 정리한 것이다.
이에서 우리는 문법이 말과 글에 어떻게 작용하며 어떤 역할을 하는지 확인할 수 있을 것이다.

기본적인 소양을 넘어서는 과정이어서,
언어 기능과 교육에 대한 문법적 관점을 접할 수 있도록 구성했다.

이에서는 여러 주장이 대두될 수 있는 '론(論)'을 경험하게 될 것이다.

말과 글의 문법

10. 하는 말과 문법
11. 듣는 말과 문법
12. 쓰는 글과 문법
13. 읽는 글과 문법

10. 하는 말과 문법

> **생각쪽지**
> 1. 다음 내용을 읽고 어떤 교육 요소가 필요한지 생각해 보자. 우리는 머리카락을 잘라야 하는 자리에 '머리를 자르고'를 쓰고, 음식을 먹어야 할 자리에 '그릇을 먹기'를 쓴다. '손이 크다', '발이 넓다', '마음을 먹다', '애가 타다' 등의 표현들도 이와 비슷하다.
> 2. 말하기는 즉각적이고 직시적이라고 할 수 있다.
>   말하기를 잘할 수 있게 하는 문법이란 무엇일지 생각해 보자.

10.1. 말하기와 구어적 표현으로서 문법1

말하기와 관련된 구어와 구어적 표현 문법의 개념

말을 한다는 것은 생각을 표현하는 것이다. 표현은 자기의 의사를 드러내는 것이고, 이때 설명을 하든, 주장을 하든 하게 된다. 그렇다면 말하기에서 문법은 어떤 역할을 해야 하는가? 정확히 말해서 구어적 표현 문법이란 무엇일까? 조형일(2015)에서는 말하기를 '정보의 직접 제공 과정'으로 보고 다음처럼 정의한 바 있다.

모국어 화자가 흔히 아주 당연히, 거의 자동적으로 쓰고 있는 구어 표현에는 사실 '생략과 수사적 연결', '비약적 연결'이 있는 경우가 많다. 머리카락을 잘라야 하는 자리에 '머리를 자르고'를 쓰고, 음식을 먹어야 할 자리에 '그릇을 먹기'를 쓴다. '손이 크다', '발이 넓다', '마음을 먹다', '애가 타다' 등의 표현들도 그렇다. 글자 그대로의 의미로 해석되지 않는다. 이런 표현들은 관용적으로 쓰는 표현이라고 해서 '관용표현'이라고 한다. 이는 어느 나라 언어에나 있는 현상이다. 하지만 새로운 언어로서 어떤 언어를 학습할 때에 이들 표현은 여간 까다로운 게 아니다. 문자 그대로 해석할 수 없으니 외워야 한다. 그러니 힘들 수밖에 없다.

이미 문자로 만들어진 텍스트를 시간을 두고 생각하면서 읽는 것이나 각고면려(刻苦勉勵)의 산고를 통해서 자아내는 글쓰기와는 다르게, 말하기는 즉각적이고 직시적이다. 그러니 말하기의 영역에서는 학습자로 하여금 대화 상황을 이해하고 대화 내용의 즉각적 해석에 기반을 둔 자연스러운 담화 능력을 갖추게 하는 것이 매우 중요하다.

말하기 교육이 힘든 것은 정확한 표현과 함께 풍성한 내용 구성 능력을 모두 갖추도록 지도해야 하기 때문이다. 정확성과 유창성은 마치 칼과 방패처럼 어느 정도 상대적이다. 정확성이 강조되면 유창성에 상대적으로 소홀해지기 쉽다. 그렇다고 유창성을 강조하게 되면 학습자의 오류 고착화(화석화), 퇴화 등으로 인해서 정확성이 현저히 떨어질 수도 있다.

말하기는 '정보의 직접 제공 과정'이다.

앞의 설명에 기대면 말하기의 문법은 정확성을 담보해 주는 역할을 하는 것으로 이해할 수 있다. 그런데 말하기는 자신의 이야기를 하는 것으로부터 시작하여 다른 이들과 대화를 이끌어내는 능력을 기르는 것으로 옮겨가는 것이 자연스럽다. 대화 중심의 말하기는 주제와 상황이 가변적인 상태에서 듣기 활동이 함께 수반되어야 하는 것이다. 이를 원활히 수행하기 위해서는 다음 능력을 갖추어야 한다.

- 듣고 핵심 내용을 파악해야 한다.
- 자신의 말 순서 즉 대화 차례를 파악하고 적당한 순간에 발화할 수 있어야 한다.
- 적절한 표현을 구어체의 특성을 고려하여 수행할 수 있어야 한다.

이처럼 자기중심의 말하기에서 대화 중심의 말하기로 학습 반경을 넓히면서 연습하는 동안 학습자의 말하기 능력은 견고해지게 된다. 그리고 이러한 말하기 필요 능력을 실현하기 위해서 말하기 능력의 문법적 확보 요점을 표로 정리하면 다음처럼 된다.

⟨표 1⟩ 말하기 능력 확보 요점과 문법

말하기 능력 확보 요점	
자신의 이야기 만들기	← 어휘, 문법, 문장 구성 능력
자신의 목소리로 전달하기	← 발음, 끊어 말하기, 강세, 성조 등의 활용 능력
듣고 핵심 내용 파악하기	← 듣기 능력 전반
적당한 순간 대화 참여하기	← 대화 형태 인지, 상황 이해, 순발력
구어체로 적절한 표현 쓰기	← 구어 표현 능력, 담화 구조 이해

우리는 이제 이들 요점을 비로소 구어적 표현 문법으로 이해할 수 있을 것이다.

구어적 문법의 영역에 대한 이해

화자는 자신의 이야기를 만들기 위해서 기본적으로 어휘·문법·문장 구성 능력을 갖추어야 한다. 이렇게 구축된 내용을 전달하기 위한 능력으로 발음·끊어 말하기·강세·성조 등의 활용 능력을 겸비해야 한다. 이러한 기본 능력이 확보된 후 듣기 전반에 걸쳐서 핵심 내용을 파악하는 능력, 대화 형태를 인지하고 상황을 이해하여 적당한 순간에 순발력 있게 대화에 참여하는 능력, 구어 표현력과 담화 구조 이해력을 토대로 구어체의 특성에 맞게 적절한 표현을 사용하는 능력 등을 갖추어야 할 것이다.

말하기 문법의 양상과 원리

말하기 학습자가 앞서 진단했던 능력을 갖추게 하기 위해서 '말하기 능력 향상을 위한 의사소통 능력 구성 요소'를 이제 다음과 같이 구분해야 한다.

⟨그림 1⟩ 의사소통 능력 구성 요소

해석 능력 이 능력은 적용 선택 과정과 표현 과정이라는 다음 단계로 나아가기 위한 기본 재료를 만드는 과정으로, 상대 화자로부터 습득한 정보를 통해서 대화 형태를 인지하고 대화 상황을 이해하여 정보의 핵심 내용을 분석 및 파악하기 위해 필요한 능력이라고 할 수 있다.

이는 일종의 담화/텍스트/기호의 해석(de-coding/decoded) 과정 그 자체이자 이의 이해와 활용 능력으로 볼 수 있다. 언어 기호로 구성된 담화 또는 텍스트의 해석에 관계하는 '모든 요인'을 완벽하게 분석하고 이를 교육할 수는 없지만 특히 말하기 영역에서는 일방적인 정보의 제공 또는 상호 대화 상황에 필요한 정보로서 그것의 총체적 해석 능력은 절대적으로 요구되는 능력이라고 할 수 있다.

적용 선택 능력 이 능력은 해석 능력을 통해 상대 화자로부터 얻은 정보를 기반으로 어떻게 어휘, 문법, 문장 구성을 할 수 있는지를 아는 능력, 즉 언어지식을 이용하여 '자신이 전달'할 '자신의 정보'를 '생성'하기 위해서 반드시 필요한 능력이다.

사실 언어 교육에서 가장 주목되는 지점이기도 한 이 능력의 계발은 보통 끊임없는 지식의 연마(활용을 포함하여)로 이루어진다. 그런데 화자 스스로 부족한 부분을 깨닫기란 사실 요원한 것이어서 교육적으로 재단된 내용이 적절하게 교수되어야 하는 부분이기도 하다.

크라센의 입력 가설에 기대어 본다면 화자는 i+1의 성장을 하기 위해서 i 즉, 자신의 능력(individuality)을 우선 가늠할 수 있어야 한다. 그러므로 우리는 화자가 이에서부터 출발하여 '전달'의 과정 안에서 무엇을 '정보'로 취사선택하여 어떤 형태로 '생성'할지를 결정할 수 있도록 해 주어야 한다. 사실 말하기 교육의 측면에서 이 능력은 매우 중요한 교육 중점으로 파악되고 있다.

표현 능력 이 능력은 적용 선택 능력을 통해 생성한 자신의 정보를 구어체의 특성에 알맞게 전달, 즉 성공적인 언어 수행을 하기 위해 필요한 능력이다. 화자는 자신만의 발음, 끊어 말하기, 강세, 성조 등을 활용하여 의사소통이라는 상호교섭 상황에 적절히 참여할 수 있다. 이때 표현의 영역에 관계된 능력들을 습득의 수준으로 학습해 두었을 때 적당한 순간에 순발력을 발휘하여 수행함으로써 대화에 성공적으로 참여할 수 있게 된다. 사실 이 능력은 말하기 능력 중 매우 중요한 것임에도 불구하고 언어 교육 측면에서는, 그 중요성에 비해서, 상대적으로 경시되는 능력이라고 할 수 있다.[16)]

앞의 말하기 능력 확보 요점을 이에 따라 재편하면 다음처럼 될 것이다.

〈표 2〉 말하기 능력과 상세 확보 요점

해석 능력	듣고 핵심 내용 파악하기	적당한 순간 대화 참여하기
적용 선택 능력	자신의 이야기 만들기 → 서사 구축하기	
표현 능력	자신의 목소리로 전달하기 적절한 구어 표현 사용하기	

해석 능력과 적용 선택 능력 그리고 표현 능력은 말 그대로 해석하고 적용하며 표현할 수 있는 능력이다. 이들은 말하기의 기본적 능력이기 때문에 적당한 순간에 적절히 대화에 참여하는 전략과 전술의 배경(능력)이라고도 할 수 있다. 이때의 중점은 당연히도 어느 정도로 얼마만큼의 능력을 발휘하느냐에 달려있다고 봐야할 것이다.

이의 적절성을 파악하기 위해서 말하기 능력 향상을 위한 의사소통 능력 구성 요소인 해석 능력, 적용 선택 능력, 표현 능력을 Brown(1994;257-258)에서 제안된 음성언어의 효과적인 의사소통을 위한 고려 항목[17)]들과 비교하면 일차적으로 다음과 같이 정리할 수 있다.

---

16) 표현 능력이 중요하다는 것에는 동의하면서도 어떻게 가르쳐야 하는지에 대한 논의는 그리 많지 않아 보이는 것이 사실이다.
17) 주지하듯이 이에서 제안하고 있는 16가지 기능은 크게 음성·음운 법칙, 문장 법칙, 담화 법칙, 말하기 전략, 의사소통 전략으로 나뉜다.

〈표 3〉 말하기 능력과 상세 확보 요점, Brown의 의사소통 기능 비교1

1	자신의 이야기 만들기	← 어휘, 문법, 문장 구성 능력	적용 선택	⑥ 적정한 양의 단어를 사용하기 ⑦ 발화 중에 휴지, 간투사, 수정 등의 전략 사용하기 ⑧ 문법 체계와 규칙 활용하기 ⑨ 자연스런 의미 단위로 말하기 ⑩ 하나의 의미를 여러 다른 문법 형태로 말하기
2	자신의 목소리로 전달하기	← 발음, 끊어 말하기, 강세, 성조 등의 활용 능력	표현	① 서로 다른 길이의 소리 발성하기 ② 음성 단위를 인지하고 발음하기 ③ 강세, 리듬, 억양에 맞게 발음하기 ④ 단어와 어구의 약화된 형태(축약형)로 발음하기 ⑤ 적절한 속도로 말하기
3	듣고 핵심 내용 파악하기	← 듣기 능력 전반	해석	없음
4	적당한 순간 대화 참여하기	← 대화 형태 인지, 상황 이해, 순발력	해석, 적용 선택, 표현	⑫ 대화 상황, 참여자 목표에 맞는 의사소통 기능을 적절히 수행하기 ⑬ 직접 대화에서 사회 언어학적 요소 사용하기(대면 대화에서 나타나는 대화상의 함축, 화용적인 관습, 사회언어학적인 특성 등을 활용하기) ⑭ 주요소(주제), 보조 요소(부제), 신·구 정보 등의 관계를 나타내기
5	적절한 구어 표현 사용하기	← 구어 표현 능력, 담화 구조 이해	표현	⑪ 담화상의 원칙에 맞게 말하기 ⑮ 표정 및 몸짓 등 비언어적인 요소(신체 언어) 사용하기 ⑯ 의사소통 전략 사용하기(핵심어 강조, 다른 말로 바꿔 표현하기, 부연 설명하기 등 다양한 말하기 전략을 개발하여 활용하기)

이를 다시 '말하기 능력과 상세 확보 요점'을 중심으로 정리해 보이면 다음과 같다.

〈표 4〉 말하기 능력과 상세 확보 요점, Brown의 의사소통 기능 비교2

해석 능력	⑫ 대화상황, 참여자 목표에 맞는 의사소통 기능을 적절히 수행하기	없음.
적용 선택 능력	⑬ 직접 대화에서 사회 언어학적 요소 사용하기 (대면 대화에서 나타나는 대화상의 함축, 화용적인 관습, 사회언어학적인 특성 등을 활용하기)	⑧ 문법 체계와 규칙 활용하기 ⑨ 자연스런 의미 단위로 말하기 ⑩ 하나의 의미를 여러 다른 문법 형태로 말하기
표현 능력	⑭ 주요소(주제), 보조 요소(부제), 신·구정보 등의 관계를 나타내기	① 서로 다른 길이의 소리 발성하기 ② 음성 단위를 인지하고 발음하기 ③ 강세, 리듬, 억양에 맞게 발음하기 ④ 단어와 어구의 약화된 형태 (축약형)로 발음하기 ⑤ 적절한 속도로 말하기 ⑥ 적정한 양의 단어를 사용하기 ⑦ 발화 중에 휴지, 간투사, 수정 등의전략 사용하기 ⑪ 담화상의 원칙에 맞게 말하기 ⑮ 표정 및 몸짓 등 비언어적인 요소(신체언어) 사용하기 ⑯ 의사소통 전략 사용하기(핵심어 강조, 다른 말로 바꿔 표현하기, 부연 설명하기 등 다양한 말하기 전략을 개발하여 활용하기)

이를 통해서 우리는 그동안 브라운(1994)에서 제안된 것들이 적용 선택 능력과 표현 능력에 집중되어 있음을 확인할 수 있다. 해석 능력에 대한 고려 없이 표현에 집중된 말하기 연구는 피상적일 수밖에 없다. 비록 ⑫, ⑬, ⑭번 항목의 내용이 해석 능력을 요구하기는 하지만 이들은 말하기 능력과 상세 확보 요점에 모두 관계되는 것으로 볼 수 있다.

간단정리

1. 말하기에서 정확성이 강조되면 유창성에 상대적으로 소홀해지기 쉽다. 그렇다고 유창성을 강조하게 되면 학습자의 오류 고착화(화석화), 퇴화 등으로 인해서 정확성이 현저히 떨어질 수도 있다.

2. 화자는 자신의 이야기를 만들기 위해서 기본적으로 어휘·문법·문장 구성 능력을 갖추어야 한다.

3. 이렇게 구축된 내용을 전달하기 위한 능력으로 발음·끊어 말하기·강세·성조 등의 활용 능력을 겸비해야 한다.

4. 말하기 능력 제고를 위해서 학습자가 지녀야 할 능력을 '해석 능력: 듣고 핵심 내용 파악하기', '적용 선택 능력: 자신의 이야기 만들기(서사 구축하기)', '표현 능력(자신의 목소리로 전달하기, 적절한 구어 표현 사용하기)'으로 구분해 볼 수 있다.

10. 하는 말과 문법

> **생각쪽지**
> 1. 현실 발음과 표준 발음이 현격하게 차이 나는 경우 문법적으로 어떻게, 어떤 순서로, 어디까지 정리할 수 있을까?
> 2. 다음 능력은 어떤 상황에서 필요한 것인지 생각해 보자.
>   · 대화 상황에 대한 이해 능력
>   · 화자와 청자 관계의 이해 능력
>   · 주제와 화제의 이해 능력
>   · 의사소통 수준과 기능의 결합 능력
>   · 사회 언어학적 요소의 적용 능력
>   · 의도와 맥락 파악 능력

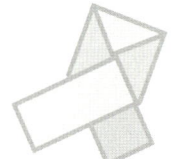

10.2. 말하기와 구어적 표현으로서 문법2

말하기와 관련된 구어 표현 문법 실현 양상

꽃의 발음은 몇 개일까?

'꽃이[꼬치], 꽃도[꼳또], 꽃만[꼰만], + 꽃이*[꼬시]'.

꽃의 발음은 이처럼 네 개가 된다. 우리에게는 당연한 인식이지만 '꽃'이 네 개로 발음된다는 것을 역으로 생각해 보면 외국인 학습자들은 네 개의 발음을 듣고 하나의 단어인 '꽃'을 추리/환언해 내야 하는 것이다. 억울하지만 한국어가 어렵다는 것을 나타내는 '한 현상'이다.[18] 꽃을 나타내는 표현 'flower[flou(-ə)r](영어), Blumen[blumen](독일어), Fleurs[flœːʀ](프랑스어), 花[hana](일본어), 花[huā](중국어), hoa[hoa](베트남어), Bunga[buŋːa](말레이어), ดอกไม้[Dxkmî](태국어), Цэцэг[Tsetseg](몽골어)' 등은 정도의 차이가 있기는 하지만 웬만해서 표현된 어느 자리에서도 그 발음이 크게 변하지 않는다.

---

18) 일부러 번역 투의 어색한 문장을 썼다.

발음된 것의 문식력/문식성

단어의 자형을 구성하는 음소는 발음의 영역에서 음운으로 치환된다. 따라서 언어를 학습하는 학습자에게는 문자에 대한 인식은 물론, 발음된 것의 이해 측면에서, 일종의 리터러시(literacy) 즉 '발음된 것의 문식력'이 중요해진다. 들은 것을 의미로 전환하고 이를 문자화할 수 있는 문식력과 단어를 구성하는 문자/음소 결합형을 읽고 이해하며 제대로 발음할 수 있는 문식력도 필요한 것이다. 발음교육은 그래서 단순하지 않다. 음가를 제대로 구성할 수 있는 능력은 의미를 배제하고 이루어질 수 없기 때문이다.

발음의 문법적 성격

발음은 언어 구사 능력 중 사용자가 익혀야 할 가장 기본적인 기술(function & technic)인 동시에, 판단자의 전문적인 능력과 무관하게도, 언어 사용자가 습득한 언어의 수준을 가늠하는 가장 기초적인 척도라고 할 수 있다. 표현의 경제성과 이해의 경제성이 상충되는 지점에 있는 발음은, '웬만한 수준'에 도달하는 것으로는 충분하지 않다. 발음은, 언어 학습의 질료가 되는 여타의 요인/학습 요소들과는 다르게, 정확하고도 유창할 때 비로소 그 능력을 인정받게 된다.

발화를 생성하는 화자는 발음을 편하게(내용의 선정과 구축에 신경을 쓰는 것으로도 충분하다고 생각할 때) 하려고 하는 반면 듣고 이해해야 하는 청자는 화자가 가급적 그리고 최대한 정확하게 발음하기를 원한다. 그러므로 발음은 꽤나 양가적 가치를 지니고 있는 교육 요소라고 할 수 있다.

발음의 문법적 성격과 교육적 실현 양상

발음 교육은 한국어의 문자 체계를 인지하는 데에서부터 시작하게 된다. 한글 자음자의 명칭 즉, /ㄱ/을 [기역], /ㄴ/을 [니은] 등으로 읽을 때 나는 소릿값으로 들려 줄 것인지 [그], [느] 또는 [가], [나]로 들려 줄 것인지도 결정해야 하고 자음의 음소 19개를 /ㄱㄲㄴㄷㄸㄹㅁㅂㅃㅅㅆㅇㅈㅉㅊㅋㅌㅍㅎ/의 순으로 제시할 것인지 예사소리/ㄱㄷㅂㅅㅈ/, 된소리/ㄲㄸㅃㅆㅉ/, 거센소리/ㅋㅌㅍㅊ/, 울림소리/ㄴㄹㅁㅇ/, 목청소리/ㅎ/ 등의 순으로 할 것인지를 정하는 것은 물론, 모음과 그 결합형 즉 음절의 구조(V, VC, CV, CVC)를 전면에 두고 음소를 가르치는 방법을 택할 것인지 등도 결정해야 한다.[19]

말하기와 관련된 문법의 실현 방식 제언

말하기와 관련된 문법은 해석과 적용 선택, 표현의 측면에서 어떤 과제로 연결될지를 고려하여 분석 접근되어야 한다. 이에서는 이들 각각을 중점에 두고 어떤 과제를 수행해야 할지를 알아보는 것으로 문법의 실현 방식을 제안해 볼 것이다.

해석 능력과 과제의 수행 한국어의 문법을 배우는 학습자는 다음의 내용을 핵심적으로 익혀야 한다.

- 중핵적 능력: 듣고 핵심 내용 파악하기
- 순차적 적용 능력: 적당한 순간 대화 참여하기

핵심 내용을 파악한다는 것은 어떤 내용을 1차적으로 이해할 수 있다는 것과 그 안에서 중점이 되는 내용을 파악한다는 것을 의미한다. 이를 중핵적 능력으로 볼 수 있다. 그리고 이것은 적당한 순간 즉, 말을 해야 할 순간에 대화에 참여할 수 있는 능력으로 이어져야 한다. 이를 순차적 적용 능력으로 이해할 수 있다.

이를 위해서 갖추어야 할 기능별 문법적 이해 능력을 다음처럼 제안해 볼 수 있다.

- 대화 상황에 대한 이해 능력
- 화자와 청자 관계의 이해 능력
- 주제와 화제의 이해 능력
- 의사소통 수준과 기능의 결합 능력
- 사회 언어학적 요소의 적용 능력
- 의도와 맥락 파악 능력

---

[19] 물론 발음된 것에 집중하려면 음운과 음성의 측면에서 접근해야 하겠으나, 음소에 대한 이해가 동시에 이루어지는 교육 단계의 성격을 고려할 때 음소에 대한 교육 차례까지 분명하게 정해야 하는 것이 사실이다.

해석 능력을 길러 주기 위한 과제를 개발할 때 다음과 같은 문법적 과제들을 중점적으로 구축해야 한다.

- 핵심 내용 파악을 위한 주제별 어휘와 표현의 학습 과제
- 주제별 어휘와 표현을 활용하는 대화 상황에 대한 이해 과제
- 주제와 화제에 대한 표현의 작성과 이해 과제
- 청취력 향상을 위한 주제별 듣기 학습 후 내용 정리 과제
- (수신자/청취자로서) 의사소통 능력 향상을 위한 발신자(발화자)의 언표행위 파악 능력 과제 수행

해석 능력을 갖추기 위해서 한국어의 문법과 어법적 특성에 대한 이해와 함께 한국어의 대화/담화 상황에 대한 이해를 도울 수 있는 과제의 구성은 필수적이다.

학습자 중심의 과제 수행이 단계적으로 이루어지면서 강화되어야 한다는 점에 동의한다면 핵심 내용이 될 주제별 어휘와 함께 관련 표현을 학습할 수 있도록 해 주어야 한다는 데에도 이견이 없을 것이다.

예를 들어서 "축구", "야구", "농구" 등을 주제/화제로 삼는 말하기를 위해서는 가장 먼저 이들 관련 어휘와 표현을 이해할 수 있는 과제를 구성해야 한다.

기본적인 해석 능력을 갖추어야 하는 것이다. 이후 이는 다시 "운동 경기" 전반으로 확장될 수 있어야 하고 이들 어휘와 표현이 대화의 상황에서 사용되면서 주제/화제별 텍스트성을 이해할 수 있는 과제로 확장 수행되어야 한다.

이후 듣기를 통한 이해 능력을 향상시켜 줄 수 있는 과제와 발신자의 언표외적/내적 행위 전반을 이해할 수 있는 과제를 수행함으로써 해석 능력을 향상시켜 줄 수 있게 된다.

적용 선택 능력과 과제의 수행 한국어의 문법을 배우는 학습자는 다음의 내용을 핵심적으로 익혀야 한다.

- 중핵적 능력: 자신의 이야기 만들기
- 순차적 적용 능력: 적당한 순간 대화 참여하기

자신의 이야기를 만든다는 것은 이해에 기반한 서사의 구축을 의미한다. 그러므로 적용 선택 능력의 교수학습 목적은 학습자가 발화자로서 그 상황과 방식에 맞는 서사를 작성할 수 있는 능력을 향상시키는 데에 있다. 이야기란 내용과 형식에 상황이 고려된 것이다.

그런데 여기에 집중한 나머지 그동안 우리는 아주 아무렇지 않게 주제와 화제, 여러 가지 이야기 작성의 기법(분류, 분석, 대조, 설명, 인과, 논증 등등)에 집중된 교육을 적용하려 했다.

→ 하지만 말하기의 적용 선택 능력으로서의 서사는 다시 어휘 추출과 표현의 구성, 문법 체계와 규칙의 활용에서 시작해야 한다.

이를 위해서 갖추어야 할 기능별 적용 능력은 다음처럼 될 것이다.

- 어휘 추출과 표현의 구성
- 문법 체계와 규칙 활용
- 자연스런 의미/발화 단위 이해
- 다양한 표현과 문법 형태 이해
- 의사소통 수준과 기능
- 사회 언어학적 요소
- 의도와 맥락 파악하기

말하기에서 적절한 어휘와 표현(관용 표현, 연어적 표현, 속담, 기타 문화 관련 표현 들)을 선택하는 동시에 문법 규칙을 적용하는 것은 거의 자동적으로 일어나게 된다.

자연스러운 의미 구성과 전달은 한국어 발화 단위를 얼마나 정확하게 이해하고 적확하게 적용하느냐에 달려 있다.

적용 선택 능력을 길러 주기 위한 과제를 중점적으로 개발한다면 다음과 같은 과제들이 구축되어야 한다.

- 시소러스 기반 어휘 체계에 대한 인식 능력 향상 과제
- 주제별 어휘와 표현을 생성하는 과제
- 주제와 화제에 대한 표현의 작성 과제
- 전체적 내용 구성의 전략 능력 습득 과제
- 수의적 내용 구성 능력 향상 과제
- 수신자(청취자/대화 상대자)와의 관계에 대한 발신자(발화자)의 이해 연습 과제

표현 능력과 과제의 수행 한국어의 문법을 배우는 학습자는 다음의 내용을 핵심적으로 익혀야 한다.

- 중핵적 능력: 자신의 목소리로 전달하기
  구어체로 적절한 표현 쓰기
- 순차적 적용 능력: 적당한 순간 대화 참여하기

말하기는 철저히 구어 상황에서 이루어진다. 그것이 비록 형식적인 담화를 요구하는 상황(연설, 강연 등등)과 자연스러운 대화 상황(일상적인 대화, 요청, 사과 등등)의 성격상 다소 차이가 있을지언정 청자와 상황이라는 조건은 존재한다. 한국어 학습자는 이들 상황을 이해하고 적절한 표현을 선택하는 단계를 지나서 이제 직접적으로 표현에 관계하는 말하기 능력을 성취해야 한다.

이를 위해서 갖추어야 할 기능별 표현 능력은 다음처럼 될 것이다.

- 서로 다른 길이의 소리에 대한 이해와 발음 능력
- 어절(음보) 발화 및 강세, 리듬, 억양에 맞는 발화 능력
- 단어와 어구의 음성변화 형태(음운변동 반영) 이해 능력
- 휴지, 간투사, 수정 등의 전략 사용 능력
- 담화상의 원칙에 대한 이해 능력
- 적절한 표정 및 몸짓 등의 비언어적인 요소(신체언어) 사용 능력
- 기타 의사소통 전략 능력

표현 능력을 길러 주기 위한 과제를 중점적으로 개발한다면 다음과 같은 과제들이 구축되어야 할 것이다.

- 소리에 대한 이해와 발음 능력 향상 과제
- 발화 능력 향상 과제
- 음성변화 형태(음운변동 반영) 이해 능력 향상 과제
- 담화 전략 사용 능력 향상 과제
- 담화상의 원칙에 대한 이해 능력 향상 과제
- 비언어적인 요소(신체언어) 사용 능력 향상 과제
- 기타 의사소통 전략 능력 향상 과제

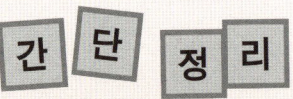

1. 말하기의 적용 선택 능력으로서의 서사는 다시 어휘 추출과 표현의 구성, 문법 체계와 규칙의 활용에서 시작해야 한다.
2. 해석 능력을 갖추기 위해서 한국어의 문법과 어법적 특성에 대한 이해와 함께 한국어의 대화/담화 상황에 대한 이해를 도울 수 있는 과제의 구성은 필수적이다.
3. 한국어 말하기 능력 중에서 갖추어야 할 표현 능력은 우선 소리에 대한 이해에 기반한 표준 발음의 구사 능력이 될 것이다.

다음을 고민해 보자

- 한국어를, 오로지 한국어로만 사용하여 가르쳐야 하는 상황(몰입 학습)을 전제할 때 여러 모국어 사용 학습자가 함께 앉아 있는 교실에서 한국어의 음절 교육을 어떻게 할 수 있을까?
- 현실 발음과 표준 발음이 현격하게 차이 나는 경우 어떻게, 어떤 순서로, 어디까지 노출해야 할까?
- 학습자 모국어의 발음 체계에 대한 이해가 한국어 발음교육에 미치는 영향은 어느 정도일까?
- 학습자의 발음 오류를 일반화하는 것의 위험성에 대해서 생각해 보자.

11. 듣는 말과 문법

> **생각쪽지**
> 1. 다음과 관련하여 어떤 문법적 사례를 예로 들 수 있는지 생각해 보자.- 한국어의 자음과 모음의 소리를 식별할 수 있다.
> 2. 다음과 관련하여 어떤 문법적 사례를 예로 들 수 있는지 생각해 보자.- 사물이나 사람을 나타내는 낱말을 듣고 그 대상을 알 수 있다.
> 3. 다음과 관련하여 어떤 문법적 사례를 예로 들 수 있는지 생각해 보자.
>   - 일상생활의 쉽고 간단한 표현을 듣고 이해할 수 있다.
> 4. 다음과 관련하여 어떤 문법적 사례를 예로 들 수 있는지 생각해 보자.
>   - 수업에서 사용하는 짧고 간단한 주요 표현을 이해할 수 있다.

11.1. 듣기와 구어적 이해로서 문법

듣기와 관련된 구어와 구어적 이해 문법의 개념

듣기란 과연 어떤 영역인가? 언어의 기능 중에서 과연 제일 중요하다고 여겨지는 이 기능의 성취 과정을 교육의 현장에서 우리는 제대로 이해하고 있는가? 이해하고 있다면 그 교육이 목적을 달성하기 위해서 정치(精緻)하게 이루어지고 있기는 한 것인가?

이 질문은, 듣는다는 행위에 대해서 - 적어도 교육적 측면에서는 - 명확하게 정의되지 못하고 있다는 거친 단정을 전제로 하고 있다. 물론 이런 유(類)의 질문이 가능한 이유는, 연구자가 외국어로서의 한국어 측면에서 듣기 교육에 대한 연구가 아직은 제대로 이루어지지 못하고 있다는 판단을 부정하기 어렵다고 생각하기 때문이다.

소쉬르적 사고로 보면 듣는 행위는 상대방과 나 즉, 발신자로부터 만들어진 기표를 기의의 측면으로 수렴시켜 환원·적용하는 과정일 것이고 촘스키적으로 본다면 단련된 언어 능력의 수행 내에서 규칙의 적용과 해석을 통한 의미 파악의 과정 정도가 될 것이다.

구조와 인지의 측면을 넘어서서 기능주의, 의사소통 중심의 관점에서 본다면 이들 과정은 문자적 해석에서 의도와 맥락까지 이해하는 능력을 포함하게 될 수도 있다. 세세한 측면에서 다양하게 해석·접근될 수 있는 요인들을 일단 무시한다면, 언어 기능 영역의 하나로 분류되는 '듣기'가 문식력 또는 문해력으로 수렴되는 읽기와 비견할 만한, 청해력/이해력과 맞닿아 있다는 사실에 이의를 달기는 어렵다.

그런데 교육의 측면에서 국한해서 보자면 듣기는 그 중요성에 비해서 다른 기능 영역보다 연구 성과가 상대적으로 부족해 보이는 영역이기도 하다. 듣고 이해하는 능력의 중요성은 누구나 다 아는 사실이지만 과연 듣기라는 영역에서 무엇을 어떻게 교육해야 하는지에 대한 연구 성과는, 여타 기능 영역에서 이루어지고 있는 연구의 깊이와 양에 비해서 상대적으로, 미미(微微)해 보이는 것이다. 물론 여전히 그리고 매우 타당해 보이는 교육 목표와 방법들이 기술되고 있기는 하지만, 사실 듣기는 그 정도로 만족해서 되는 영역이 아니다.

의사소통의 능동적 활동으로서 듣기란 텍스트(담화의 내용으로서)의 이해 측면을 넘어선다. 흔히 아는 것처럼 듣기는 '노출된 상황에서 목적하지 않은 내용이 들리는 것'이 아니라 '어떤 청자가 특정하게 듣고자 하는 것'에 초점이 맞춰져 있다. 따라서 청자의 정보 산출과 반응이 중요한 구성요소가 되고 이는 다시 교육의 내용과 속성이 된다.[20]

어쨌든 언어 교육의 기능 영역 중에서 다른 영역보다 중요하다는 점에 무리 없이 동의할 수 있다면, 듣기와 그 교육의 본질과 속성에 관한 논의가 왜 아직도 천근(淺近)함에 머물러 있는지, 실제성(authenticity) 측면에서 고려된 교육 자료의 개발에 국한되어 이루어지고 있는지에 대해서 고민을 해야 한다.[21]

가장 중요하게 여긴다면서 가장 미흡한 연구 수준에 머물러 있다는 평가를 받는다는 것은 '중요하기는 하지만 연구하기는 어려운 영역'이라는 것을 면죄부처럼 인식했기 때문일 것이다. 그런데 이러한 인식을 디뎌내지 못하고 다시 그에 대한 연구가 필요하다는 지적으로 환언되는 재귀적 논리는 일종의 자가당착(自家撞着)적 악순환이라고 할 수 있다. 당연한 이야기이지만 누구나

---

20) 이에서 특별히 인용되지 않고 기술된, 듣기 교육과 관련된 일반적인 개념은 한국어교육학사전(2014, 1068~1081쪽)에 정리되어 있는 수준과 거의 동일하다. 달라야 할 이유가 없기 때문이다.
21) 듣기와 듣기 교육 관련 연구는 이 외에도 수업 모형, 타 기능 영역과의 통합 교육, 평가 범주 개발 등에서 이루어지도 있다. 다분히 넓은 영역에서 '잘' 이루어지고 있는 것처럼 보이는 이들 연구 양상은 그렇지만 - 이미향(2014)의 비판에서 읽어낼 수 있듯이 - 듣기의 본질, 속성, 원리에 대한 이론적 연구를 바탕으로 교육 현장에서 구성될 요소와 방안에 대한 논의도 부족하고, 듣기의 실제성을 높이는 방안 역시 모색에 모색을 거듭해야 하는 실정이다. 턱없이 부족하다는 얘기다.

예측할 수 있는 진단보다는 문제점을 인식하고 이를 하나씩 해결해 나아가는 꾸준한 논의가 필요한 것이다.[22] 이제 이러한 배경하에 문법이 듣기에 어떻게 적용되어야 하는지 살펴보기 위한 듣기의 이론적 전제를 이해해 보기로 하자.

문법의 양상과 적용 원리의 전제로서 듣기 이해

듣기와 듣기 교육의 전략을 이해하기 위해서 우선 국어교육에서 듣기 학습 목표(와 방법)와 한국어교육에서 듣기 학습 목표(와 방법)를 비교해 보지 않을 수 없다. 이를 통해서 우리는 듣기의 중요성을 찾아볼 수 있을 것이고 다시 이들의 공통점과 차이점을 통해서 한국어교육에서 지향해야 할 듣기 교육에서 문법의 방향성을 찾을 수 있을 것이다. 듣기 학습 목표와 성취 기준 제언 국어교육에서 듣기 학습 목표와 방법은 다음 〈표 1〉과 〈표 2〉를 통해서 단편적으로나마 이해할 수 있다.

〈표 5〉 듣기·말하기 내용의 영역과 기준(2012.12. 초등과정)[23]

실제		
• 다양한 목적의 듣기·말하기 - 정보를 전달하는 말 - 설득하는 말 - 친교 및 정서 표현의 말 • 듣기·말하기와 매체		
지식	기능	태도
• 듣기·말하기의 본질과 특성 • 듣기·말하기의 유형 • 듣기·말하기와 맥락	• 상황 이해와 내용 구성 • 표현과 전달 • 추론과 평가 • 상호 작용과 관계 형성 • 듣기말하기 과정의 점검과 조정	• 가치와 중요성 • 동기와 흥미 • 공감과 배려 • 듣기말하기의 윤리

---

22) 듣기 교육 연구의 양상에 대해서는 정선화(2014, 한국어 듣기교육 연구의 통시적 고찰)의 연구가 참조할 만하다. 특히 결론 부분의 "듣기교육을 어떻게 해야 할 것인가 하는 방법론적인 논의보다는 왜 안 되고 있는지에 대한 원인과 해결책을 모색해야 할 시점이다. 그리고 현장과 연구자와의 소통을 통해 현실적인 듣기 교육과정을 개발하여 듣기 교육의 고유성 확보와 질적 향상을 꾀할 수 있어야 한다."라는 성토(聲討)(?)는 그 울림이 매우 크게 다가온다.
23) "교육과정 원문 및 해설서", 2009 개정 시기 > 초등학교(국민학교)(2012.12) > 국어

초등과정에서 모국어로서의 듣기 영역 교육 목적은 실제 사용의 상황을 목적과 매체, 말하기 영역과의 관계로 파악하고 이를 수행하기 위해서 지식과 기능, 태도를 적용시킨 것으로 볼 수 있다. 이때 지식으로서 듣기는 말하기와 연계된 것으로 보고 본질과 특성, 유형, 맥락을 학습하는 한편, 실제 사용의 측면에 동원되는 기능과 태도로서 듣기는 '상황 이해', '내용 구성', '추론, 평가', '상호 작용', '관계' 형성에 교육의 초점을 둔 것으로 해석할 수 있다. 그런데 한국어교육의 과정은 이와는 다소 차별화된 양상을 보인다.

〈표 6〉 듣기 영역의 성취 기준(2012.12. 초등과정, 한국어 교육 과정)[24]

【초급】1단계 총괄 수준
기초 어휘로 이루어진 구, 절, 짧은 문장 단위의 일상적 표현들을 이해하고 사용할 수 있다. 대화 상대자가 천천히 분명하게 말하고 도와줄 준비가 되어 있으면, 기본적인 의사소통을 할 수 있다. 인사하기, 자기소개하기 등의 최소한의 언어 기능을 수행할 수 있으며, 그림, 실물, 동작 등 시각적인 단서와 함께 주어지는 간단한 지시에 반응할 수 있다. 주변 사람과 사물, 장소 등과 관련된 기본적인 어휘를 이해하고 사용할 수 있다. 기본적인 교실 언어를 이해하고 짧고 간단하게 표현할 수 있다. 구체적인 문화 산물을 접함으로써 자국 문화를 인식할 수 있다.

언어 영역	【초급】1단계 성취기준		
	초등학교	중학교	고등학교
듣기	1. 일상생활에서 반복적으로 자주 접하는 어휘에 소리를 연결 지을 수 있다.	1. 한국어의 기본적인 음운을 식별할 수 있다.	1. 한국어의 자음과 모음의 소리를 식별할 수 있다.
듣기	2. 짧고 쉬운 낱말을 듣고 그 대상을 알 수 있다. 3. 기본적인 인사말을 듣고 이해할 수 있다. 4. 시각적인 단서와 함께 주어지는 간단한 지시를 따라 반응할 수 있다.	2. 주변의 사람·사물을 나타내는 말을 듣고 그 대상을 알 수 있다. 3. 인사말이나 자주 접하는 쉽고 간단한 문장을 듣고 이해할 수 있다. 4. 시각적인 단서와 함께 주어지는 간단한 지시를 이해하고 반응할 수 있다.	2. 사물이나 사람을 나타내는 낱말을 듣고 그 대상을 알 수 있다. 3. 일상생활의 쉽고 간단한 표현을 듣고 이해할 수 있다. 4. 수업에서 사용하는 짧고 간단한 주요 표현을 이해할 수 있다.

24) "교육과정 원문 및 해설서", 2009 개정 시기 → 초등학교(국민학교)(2012.12) → 한국어 교육과정 게시판 참조. 국가교육과정정보센터(http://ncic.re.kr). 한국어 교육과정은 1단계부터 6단계까지 각각의 단계마다 듣기, 말하기, 읽기, 쓰기의 성취 기준을 제시해 두고 있다.

언어 영역	【초급】2단계 성취기준		
	초등학교	중학교	고등학교
듣기	1. 일상생활에서 자주 접하는 어휘나 관습어구를 듣고 이해할 수 있다. 2. 주변의 사물과 사람에 관한 쉽고 간단한 말을 듣고 이해할 수 있다. 3. 일상생활을 화제로 한 쉽고 간단한 대화를 듣고 이해할 수 있다. 4. 교과 시간에 이루어지는 간단한 지시 내용을 듣고 반응할 수 있다.	1. 한국어의 음운 변화를 어느 정도 이해할 수 있다. 2. 주변의 사물과 사람에 관한 간단한 설명을 듣고 이해할 수 있다. 3. 일상생활을 화제로 한 간단한 대화를 듣고 이해할 수 있다. 4. 교과 속의 쉽고 간단한 설명을 듣고 이해할 수 있다.	1. 한국어의 복잡한 음운 변화를 어느 정도 이해하고 식별할 수 있다. 2. 주변의 사물과 사람에 관한 설명을 듣고 이해할 수 있다. 3. 일상생활을 화제로 한 짧은 대화를 듣고 이해할 수 있다. 4. 교과와 관련된 간단한 지시문을 듣고 내용을 이해할 수 있다.

앞서 살펴본 것처럼 국어교육에서는, 모국어로서의 한국어교육 측면의 듣기를, 실제적 구분하에 지식과 기능, 그리고 태도에 교육의 목표를 두고 있는 반면에 외국어/제2 언어로서의 한국어교육 측면에서는 기능 중심의 교육 목표를 세웠다고 할 수 있다. 그런데 초등 교육과정의 경우처럼 한 공간에서 차별화된 교육 목표를 세우고 이를 달성한다는 것은 결코 쉽지 않을 것이다. 교육 현장에서 운영 가능한 조건을 고려한다면 몇몇 학습자를 위해서 한국어교육 과정을 운영한다는 것이 가능할지도 의문이지만 가장 큰 문제점은 전 교과목의 교육이 이루어져야 하는 초등, 중등, 고등 교육 제도하에서 초급의 성취 기준을, 한국어를 전혀 하지 못하는 외국인 학습자를 대상으로 세웠다는 것은 문제가 있다.[25]

무엇보다 이 교육과정의 성취 기준은 제도권하에서의 학습자와 학습 상황, 교실 운영에 대해서 총체적 측면에서도, 통합적 측면에서도 합리적으로 인식하지 못하고 있다. 듣기 영역 초등학교의 초급 2단계 성취 기준을 보자.

---

[25] 초등학교 교육 과정은 한국에서 출생한 다문화 배경의 학습자와 중도 입국 학습자를 구분하는 것에서부터 시작되어야 한다. 그런데 사실 다문화 배경의 학습자는 한국인으로 성장 과정을 거쳐 온 것이므로 학습자의 부나 모인 국민배우자의 한국어 능력 부족으로 인한 한국어 노출과 연습 기회의 감소 부분처럼 특정한 사안에 적용되어야 하는 부분이다. 따라서 이는 따로 교육과정까지 만들 사안이 못된다.

1) 일상생활에서 자주 접하는 어휘나 관습어구를 듣고 이해할 수 있다.
2) 주변의 사물과 사람에 관한 쉽고 간단한 말을 듣고 이해할 수 있다.
3) 일상생활을 화제로 한 쉽고 간단한 대화를 듣고 이해할 수 있다.
4) 교과 시간에 이루어지는 간단한 지시 내용을 듣고 반응할 수 있다.

중도 입국의 학습자로서 초급 1단계의 한국어 능력을 갖춘 어떤 학생을 '일상생활 표현과 화제의 이해', '간단한 말의 이해', '교과의 간단한 지시 내용의 이해 반응'이라는 성취 기준에 도달하게 하기 위해서 교사는 무엇을 어떻게 지도해야 하는가?

사실 이에 대한 명확한 지침을 만든다는 것은 거의 불가능하다. 게다가 초등 교과별 성취 기준을 달성해야 하는 교육과정 안에서 이를 수행해 가라는 것은 너무도 추상적이고 공허하다고 할 수 있다. 이는 중고등학교 역시 마찬가지이다. 지금은 마치 학교 내의 학습자 수준과 한국어 능력을 구분 통합하는 합리적 방법이 제안되지 않은 상황에서 제시된 성취 기준은 마치 불가능한 목표를 세워두고 알아서 해결해 가면서 답을 찾으라는 형국과 같다. 물론 이는 중도 입국 학습자가 또래의 학습 수준을 지녔다는 가정하에 우리나라의 교육과정으로 자연스럽게 편입되는 과정을 예측하고 그들이 언어 장벽을 뛰어넘게 하기 위해서 추상적으로 설정할 수밖에 없었을 것이다. 하지만 결과적으로 한 공간에서 두 가지의 성취 목표를 달성해 내야 하는 샘이 되어버렸다. 지식과 기능과 태도에 그 초점이 맞춰져 있는 국어교육의 듣기 교육 목표가 국어 교과에 국한된 교육 목표가 아니라 전 교과의 이해 능력의 향상을 위한 것이라고 한다면 지금과 같은 상황에서 학습자는 국어 교과에서는 배제된 교육을 받게 된다는 것을 의미하게 된다.[26]

---

26) 한국어교육의 측면에서만 본다면 한국어를 모국어로 하지 않은 중도입국 학습자의 성취 기준은 두 차원에서 마련될 필요가 있다. 국어교육 과정이 지향하는 목표와 성취 기준은 방과 후 학습 과정과 같은 특별 과정으로 운영해야 한다. 학습자는 하향식 방법으로 현 시점에서 필요한 사항부터 폭넓은 개념을 학습해 나아가는 방식으로 국어과의 교육 목표에 접근할 수 있어야 한다. 그리고 다른 교과의 수업의 이해에 필요한 기본적인 어휘·표현 교육을 중점에 둔 교과 수업이 플립드-러닝과 같은 방식으로 제공되어 교과별 학습목표를 성취할 수 있도록 해 주어야 한다. 이렇게 두 가지 차원에서 접근할 수 있을 때 비로소 교육과정 안에서 한국어교육의 필요성이 정착할 수 있을 것이다.

지금까지는 국어교육과 한국어교육이 서로 어떤 측면에서 통합 적용되는지를 살펴보았다. 이제 조금 더 '듣기'를 중점에 두고 그들의 교수학습 목표와 방법에 대해서 논의해 보기로 하자.

<표 7> 중학교 국어과 2009 개정 교육 과정의 듣기 영역 성취 기준과 교육과정 내용 및 핵심 성취 기준[27]

듣기 영역 성취 기준	개인적, 공식적 상황에서 이루어지는 다양한 듣기·말하기에 대한 지식과 기능을 갖추고, 상황에 대한 종합적 안목을 바탕으로 적절한 언어 예절을 갖추어 듣기·말하기에 적극적으로 참여한다.	
	교육과정 내용	성취기준
교육과정 내용과 성취 기준 1	듣기와 말하기의 소통과정을 이해하고 효율적인 듣기와 말하기 계획을 세운다.	소통의 효율성을 고려하여 듣기와 말하기 계획을 수립할 수 있다.
교육과정 내용과 성취 기준 2	공식적인 상황에서 상대의 말을 정리하며 듣고, 자신의 의견을 조리 있게 말한다.	공식적인 상황에서 담화를 들은 후 자신의 의견을 조리 있게 말할 수 있다

이에서 보이듯 중등 과정에서는 '듣기'를 의사소통의 과정에 적극적으로 동참하기 위한 능력으로 보고 있다. 그런데 사실 이에서 오롯이 '듣기'에 대한 성취 기준을 제시하고 있다고 보기 어렵다. 이에 따르면 듣기가 마치 말하기를 위한 전제 능력처럼 보일 수 있을 것이다. 이에 반해서 한국어교육에서 듣기 학습 목표는 다음과 같이 정리해 볼 수 있다.

---

27) "2009 개정 교육과정에 따른 중학교 핵심 성취기준의 이해", 국가교육과정정보센터(http://ncic.re.kr)

〈표 8〉 한국어 표준 교육과정상 언어 기술 영역 듣기의 등급별 목표[28]

등급	목표
1급	1. 일상생활에 관한 간단한 대화를 듣고 이해할 수 있다. 2. 반복적으로 일어나는 일에서 자주 사용되는 표현이나 문장을 듣고 이해할 수 있다.
2급	1. 일상적인 공공장소(슈퍼, 식당 등)에서 이루어지는 대화를 듣고 이해할 수 있다. 2. 비교적 간단한 전달사항이나 안내방송 등을 듣고 이해할 수 있다.
3급	1. 일상적이고 친숙한 화제로 이루어진 방송을 듣고 대체로 이해할 수 있다. 2. 사회적 소재에 관한 내용을 듣고 대체로 이해할 수 있다.
4급	1. 업무 맥락에서 이루어지는 담화를 듣고 상황을 이해할 수 있다. 2. 공적인 관계에서 이루어지는 일반적인 대화를 듣고 내용을 파악할 수 있다.
5급	1. 자신의 전문 분야(직업적, 학문적 영역)의 강연을 대체로 이해할 수 있다. 2. 친숙하지 않은 주제(정치, 경제, 환경, 과학기술 등)에 대한 내용을 듣고 대체로 이해할 수 있다.
6급	1. 업무보고, 협상, 영업, 상담 등의 담화를 듣고 이해할 수 있다. 2. 자신의 전문 분야에 관한 발표와 토론, 대담 등을 듣고 이해할 수 있다.
7급	1. 친숙하지 않은 사회적 주제(정치, 경제, 환경, 과학 기술 등)로 이루어진 강의, 강연, 방송을 듣고 이해할 수 있다. 2. 자신의 전문 분야(직업적, 학문적 영역)와 관련된 발표, 토론, 대담을 듣고 이해할 수 있다.

이를 통해서 우리는 한국어 듣기 교육이 지향하는 단계적 목표가 결국 '구어 담화의 유창하고 정확한 이해 능력', '다양한 담화 내용의 이해 능력', '전문적·일상적, 공식적·비공식적 담화의 이해 능력'의 향상에 있다고 파악할 수 있다. 일반 목적의 한국어 학습 차원에서 듣기란 생활 표현부터 전문 용어와 맥락을 이해하는 데까지 선형으로 연계된 학습 목표를 세워 두고 있다.

그런데 이는 사실 앞서 살펴본 국어교육의 듣기 교육 목표와 크게 다르지 않다. 지식과 기능, 태도에 대한 이해 없이 한국어교육에서 추구하는 듣기 목표의

---

28) 이는 국제 통용 한국어교육 표준 모형 개발 보고서(국립국어원 2010-03-28, 146쪽)에서 기준으로 제시된 것이다. 주지하다시피 이전까지는 한국어능력시험의 평가 기준에서 각 영역별 기준을 유추해 내는 방식을 취했었다. 평가의 기준으로 교육의 목표를 유추한다는 것은 사실 비논리적인 방식이다. 목표가 정해진 후에 그에 따라서 평가의 기준이 제시되는 것이 맞다. 2010 국제 통용 모형은 한국어능력시험에서 제안하고 있는 평가의 기준과 크게 다르지 않지만 보다 상세해졌고 현실적인 부분이 논의되었다는 점에서 그 의의가 크다.

달성은 요원하다. 이 표에 쓰인 '대체로'라는 표현은 상당히 모호하면서도 명증한 표현으로서 한국어교육에서 지식과 기능, 태도가 필요하다는 것을 분명하게 나타내주는 표지가 된다. 굳이 나누자면 국어교육과 한국어교육은 후자가 전자보다 지식과 태도의 영역에서 취해야 할 내용과 수준이 적고 낮다는 것과 상대적으로 기능 영역에 더 중점을 두고 있다는 정도의 차이를 가졌을 뿐이다.

다시 말해서 이들은 그 학습 대상과 목적의 차이에도 불구하고 기본적으로 '담화 상황과 내용에 대한 이해'를 교육의 목표로 공유하고 있기에 교육 목표의 차이가 두드러지게 표면적으로 드러나지 않는다고 할 수 있는 것이다. 그런데 이는 듣기를 능동적 기능이 아닌 수동적 기능으로 파악하고 있기 때문이라고 문제 제기해 볼 수 있다.[29]

---

[29] 듣기 능력이 기능 영역 중에서 가장 중요하다고 여겨지는 이유도 수동적으로 파악하고 있기 때문일 것인데, 이는 듣기를 일차적으로 사용자의 의도와 관계없이 열려 있는 구조로 이해하고 있다는 데에 기인한다.

간단정리

1. 의사소통의 능동적 활동으로서 듣기란 텍스트(담화의 내용으로서)의 이해 측면을 넘어선다.
2. 흔히 아는 것처럼 듣기는 '노출된 상황에서 목적하지 않은 내용이 들리는 것'이 아니라 '어떤 청자가 특정하게 듣고자 하는 것'에 초점이 맞춰져 있다.
3. 청자의 정보 산출과 반응이 중요한 구성요소가 되고 이는 다시 교육의 내용과 속성이 된다.
4. 한국어 듣기 교육이 지향하는 단계적 목표와 구어적 이해 문법은 '구어 담화의 유창하고 정확한 이해 능력', '다양한 담화 내용의 이해 능력', '전문적·일상적, 공식적·비공식적 담화의 이해 능력'의 향상에 있다.

11. 듣는 말과 문법

> **생각쪽지**
> 1. 발음과 어휘의 구분(청취력/청해력)에서 어떤 문법적 내용이 듣기에 필요한지 생각해 보자.
> 2. 문장, 기본 담화/텍스트 구조 인지에서는 어떤 문법적인 구체적 내용이 듣기에 필요한지 생각해 보자.

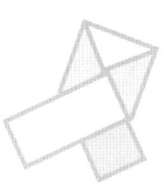

11.2. 듣기와 관련된 구어 이해 문법 실현 양상

'듣는다는 것'은 '들어야 한다는 것'과 '들린다는 것'이 공동으로 수반되는 행위다. 흔히 그냥 들리는 것과 신경을 써서 듣는 것을 쉽게 나누곤 한다. 하지만 '들리는 것을 듣는 것'이니 곧 '들어야 하는 것이 들리는 것'이 될 수 있다. 그리고 이것은 다시 '듣는 것'이 된다. 말장난 같은 이 말의 속뜻은 이렇다.

> 어떤 공간에서 귀로 들어오는 정보에 대한 해석 능력은 자동적이어야 한다. 들리는 것과 들어야 하는 것을 동시에 처리해야 하기 때문이다.
> 들어야 하는 행위는 듣기 위해서 대상 발화의 구조와 내용, 발음 형식 등을 이해하고 있어야 한다는 것을 의미한다. 따라서 어떤 언어의 청취란 발화된 음성으로부터 음절 인식과 의미 해석이 거의 동시에 일어날 수 있어야 한다는 것을 의미한다. 들으면서 문자로 환원하는 능력은 부차적인 얘기가 된다.

이 진단의 핵심은 '들리는 모든 것'에 있다. 청자의 입장에서 화행의 행위자로서 우리는 집중에 상관없이 들리는 모든 것을 해석하게 된다. 그것이 무의식적인 반응일 수도 있고 집중하기 위한 예비 단계일 수도 있고, 집중을 위한 배경으로 기능할 수도 있다. 듣고자 하는 것을 듣는 순간 즉, 의도가 반영된 청취를 시작한다는 것은 갑자기 무에서 유로 넘어가는 것이 아니라 의식하지 않은 배경에서 의식하는 것으로의 이행 과정으로 보아야 한다. 그러므로 듣기와 듣기 교육의 전략은 사실 들리는 모든 것에 관계해야 하는 것이다. 그러므로 학습자의 수준을 고려하여 설계된 교육 목표를 충실하게 달성해 가는 방향으로 듣기의 교육 목적을 세울 수 있어야 한다. 이때의 교육은 오롯이 '듣는 능력'의 향상을 기저에 두고 충분한 연습이 이루어진 후에 타 영역과의 연계 교수로 확장되어야 할 것이다.

듣기 교육 연구 성과 고찰을 통해 얻은 비판적 결론

듣기 교육의 연구 성과는 Anderson & Lynch(1988)에서 구안된 선행 지식과 맥락, 언어 체계 지식 간의 상호 작용으로 해석한 이해 과정 모델이나 Brown(1994)에서 제안하고 있는 듣기 기능 구분 등의 이론을 배경 삼아서, 추상적 심리적 과정으로서의 이해(권미정, 1994), 과제 중심의 교육 유형 구분(박미경, 1994), 능동적인 과정으로서의 이해와 이의 활동(박선옥, 1999), 실제 사용 자료의 활용(이해영, 1999), 학문 목적 학습자 담화 분석(오선경 2007), 학문 목적 학습자 중심의 듣기 교육(지현숙, 2009) 등으로 이어지면서 확장되어왔다. 학습자의 언어 숙달도(Language Proficiency)를 전면에 두고 기능을 과제 중심으로 교수학습하는 단계로 발전해 온 것이다.

이는 당연하고 바람직한 흐름이다. 앞서 듣기 연구가 타 영역에 비해서 활발하게 이루어지지 못했다는 진단이나 자가당착적 악순환으로 흐르고 있음을 경계해야 한다는 비판에도 불구하고 전체적인 흐름하에서 그나마 제대로 된 몇몇 연구들이 그 방향성을 잃지 않게 중심에서 버텨준 것이라고 할 수 있다. 그리고 이제 이들의 흐름이 조금 더 풍성해질 수 있도록 다음의 수준에서 지속적이고 활발한 연구로 이어져야 할 것이다.

학습자 수준별 듣기 교육의 목표 설정 그 중요성에 비해서 한국어를 모국어로 하는 학습자에게도 듣기 교육은 그리 쉬운 교육 영역이 아니다. 그러므로 외국어를 모국어로 하는 학습자의 수준과 상황을 언어와 문화 모든 측면에서 고려하여 그 방식과 내용이 포괄적이고도 상세히 반영된 교육 목적 설정에 대한 연구가 시급하다. 이것이 체계화되고 이를 기반으로 하여 학습자의 수준에 따른 교육 목표를 상세하게 조정할 수 있을 때, 비로소 듣기 교육을 교육의 중점으로 내세울 수 있을 것이다.

'듣는 것'과 '들리는 '것의 구분과 이들의 이해 능력 성취 방안 앞서 살펴본 것처럼 듣는 것과 들리는 것은 다르다. '학교 교실에서 어떤 수업을 집중하여 듣는 행위'는 '듣는 것'에 속한다. 이에 비해서 '쉬는 시간에 들려오는 친구들의 대화'는 '들리는 것'에 속한다. 이처럼 듣는 것은 '의도된 청취', 들리는 것은 '의도되지 않은 들림'으로 나누어 볼 수 있다. 그런데 후자의 상황에 듣고자 하는 정보가 포함될 때, 혹은 들리는 것에서 관심이 가는 것에 집중되는 상황이 생길 때가 있다. 이 시점부터 청자는 청취자가 된다. 그러므로 우리에겐 일상적인 듣기 상황에서 들려오는 수많은 정보 안에서 듣고자 하는 것을 취사선택하는 청취 능력도 필요하다. 이러한 측면에서 본다면 듣기 교육은 '목적화된 청취'는 물론 '노출에 의한, 의도되지 않은 듣기'까지 그 목표로 삼을 수 있어야 할 것이다.

기본적인 듣기 능력에 대한 교수 학습 전략과 방법 앞서 살펴본 것처럼 일반적으로 교육현장에서 듣기는 너무도 자연스럽게 말하기와 연결되는 방식으로 교수학습되는 양상을 보인다. 앞 절의 〈표 8〉에서 제안하고 있는 등급별 듣기 교육의 목표는 대부분 말하기의 상황과 자연스럽게 연결되는 것으로 파악할 수 있다. 그런데 듣기와 말하기 영역의 중요성을 생각할 때 이는 굉장히 평범한 접근(approaches)이라고 할 수 있다. 듣기와 말하기는 통합적으로 교수학습되기 이전에 각각의 교수학습 전략과 그 성취 과정이 분명하게 제시될 필요가 있다. 이들은 영역별로 기저 능력을 충실하게 이해한 후에 자연스럽게 연결되는 것이 바람직하다. 그러므로 듣기가 가진 본연의 기본 능력에 집중된 교수 학습 전략과 방법에 대한 연구가 우선적으로 필요한 것이다. 이를 다음 방법 제언을 통해서 살펴보기로 하자.

듣기와 관련된 문법의 실현 방식 제언

앞서 논의에서 이제 우리는 듣기가 들리는 모든 것에 관계되어 있기 때문에 앞으로의 듣기 교육이 보다 폭넓은 차원에서 접근되어야 한다고 이해할 수 있을 것이다. 그리고 이는 다시 듣기 전 단계, 듣기 (본) 단계, 듣기 후 단계로 구분하여 수행하는 교수학습의 단계적 구성부터 들리는 모든 상황을 예측할 수 있어야 한다는 이야기로 환언할 수 있다.

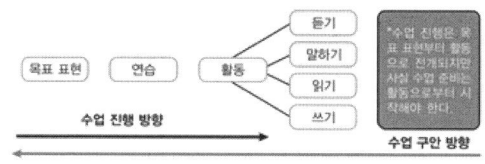

〈그림 2〉 듣기 수업 진행과 수업 구안 방향성(조형일 2012: 73쪽)

　기능 영역으로서의 듣기가 활동의 한 축으로 교수학습될 때 우리는 흔히 교재의 편재에 따라서 목표 표현의 교수학습부터 시작하여 활동에 도달하는 방식으로 지도안을 구축한다. 그런데 사실 수업의 구안은 듣기로부터 시작해야 한다. 편재된 듣기의 내용과 방법을 학습자가 이해하고 수행할 수 있도록 연습이 이루어져야 하고, 연습의 주체로서 목표 표현이 존재한다는 것을 이해해야 한다. 그러므로 듣기 전 단계보다 듣기 후 단계에서 우선 학습자가 무엇을 어떻게 성취할 것인지에 우선적으로 주목해야 한다. 이를 위해서는 교재의 제작 단계에서부터 지금의 제작 방향성(문형 즉, 학습 요소를 선정하고 상황이나 개념, 기능과 연결하여 대화나 이야기의 프레임 속에 배열한 후 연습과 활동으로 무작정 잇는 방식)부터 개선되어야 한다. 의사소통의 목적과 이의 달성을 위한 단계별 학습 목표에 대한 인식이 우선이 되어야 하는 것이다. 그래야만 '들리는 모든 것'을 제한적으로나마 제안해 줄 수 있게 된다.

　들리는 것에 대한 분류와 분석을 위해서는 담화가 이루어지는 상황에 대한 포괄적 인식이 필요한데, 이때 전경과 배경(figure-ground theory), 텍스트성(textuality) 등의 인지 가능한 의사소통의 기능[30]에 관계하는 담화·텍스트 언어학적 구분과 요소들을 적극적으로 반영할 수 있어야 한다. 결국 듣기 교육을 위한 전략은 세밀하게 조직된 하향식 방법(결국 복합적이 되겠지만)으로 구조화되어 교육 내용이 적절히 배열되어야 하고, 교육 내용의 적절성은 핵심 교육 내용은 물론 이와 관계하는 주변적 즉, 보조적 듣기 관련 내용까지 고려하여 확보해야 한다.

　이제 이러한 전략에 맞는 듣기 교육의 방법을 구안하기 위해서는 다음과 같은 몇 가지 기준을 세워 둘 필요가 있다.

---

30) 이는 브링커(1992: 17, 56f.)에게 있어서 핵심 기준이 된다.

단계별 교육 목표의 선정

학습자 단계	듣기 교육의 단계	듣기 교육의 목표
초급 1단계	듣기 1단계	발음과 어휘의 구분(청취력/청해력)
초급 1단계	듣기 2단계	문장, 기본 담화/텍스트 구조 인지
초급 2단계	듣기 3단계	내용 상세 인지: (문법 구문과 연계된) 핵심 정보의 이해
초급 2단계	듣기 4단계	전경과 배경 정보의 구분, 이를 위한 내용 학습
중급 1단계	듣기 5단계	전제와 결과, 과정의 추리
중급 1단계	듣기 6단계	비판적 사고
중급 2단계	듣기 7단계	다양한 텍스트의 이해: 불필요한 요소의 제거 능력
중급 2단계	듣기 8단계	다양한 담화 유형과 그 상황의 이해
고급 1단계	듣기 9단계	복합적 사고 능력의 향상
고급 2단계	듣기 10단계	복합적 사고 능력의 향상: 문제 해결 능력
전문가 단계	듣기 11단계	교육 내용의 추출과 교육 방안의 구안

듣기 교육은 이에서처럼 학습자의 단계보다 조금 더 세분화되어 제시되어야 한다. 이때 초급 단계에서는 발음과 어휘(유사 음가, 동음이의어 등)의 구분은 물론 발화된 문장과 담화/텍스트에 대한 이해가 교육 목표가 되어야 한다. 이는 작금의 교육 목표와 크게 다르지 않다. 그런데 초급 2단계에서는 전경과 배경 정보를 구분하는 능력을 성취할 수 있어야 하고 이를 통해서 중급 단계에서 비판적 사고를 할 수 있는 이해 능력의 성취에 다다를 수 있도록 교육 목표를 설정해야 한다. 단계별 목표는 조금 넓은 차원에서 출발하여 기본적인 이해 능력 향상을 위한 세부 목표를 수립하는 방식으로 이루어져야 한다. 현재까지 이루어진 연구는 이에 대한 명확한 기준 설정 없이 연구자의 직관적인 접근으로 일관된 바 없지 않다. 물론 이 역시 연구자의 직관에 기댄 바 크다. 그러므로 이제, 직관에 객관성을 더하기 위해서, 이러한 단계별 교육 목표를 이루어내기 위한 구체적인 달성 방안을 예측 가능한 교육 방법의 수준에서 간단하게나마 정리해 보자.

단계	듣기 교육의 목표	예측 가능한 교육 방법
1단계	발음과 어휘의 구분(청취력/청해력) 교실 운영 표현의 이해	·기본 음가의 구분, 어휘의 구분 ·교실 운영 표현의 학습 ·듣기 학습 목표 이해를 위한 듣기 내용(i+1)+1´의 입력 *이때 교수학습의 메타적 측면에서는 (i-1)의 입력이 필요함.
2단계	문장, 기본 담화/텍스트 구조 인지	·학습 목표로 제안된 종결어미, 연결어미를 이해의 중점에 둔 듣기 수행 ·대화 구조에 대한 패턴 드릴로서의 듣기 수행. ·문어체 텍스트의 이해 능력 향상을 위한 듣기.
3단계	내용 상세 인지: 핵심 정보의 이해	·사실에 대한 이해 능력 학습 ·정보의 과잉, 부족, 적절성 판단을 위한 듣기
4단계	전경과 배경 정보의 구분, 이를 위한 내용 학습	·듣기 능력 향상을 위한 내용 증가의 단계 ·전경과 배경 정보의 구분 연습 ·한국 문화 요소의 교수
5단계	전제와 결과, 과정의 추리	·학습자의 듣기 능력 판단 및 조정의 단계로서 전제, 결과, 과정에 대한 이해 능력 학습
6단계	비판적 사고	·비판적 사고를 도출할 수 있는 토론, 토의의 학습 ·비판을 위한 사고도구어 학습이 병행되어야 함.
7단계	다양한 텍스트의 이해: 불필요한 요소의 제거 능력	·불필요한 요소가 섞여 있는 듣기 수행 ·다양한 대화, 보도문, 내레이션 등을 접함
8단계	다양한 담화 유형과 그 상황의 이해	·기능 중심의 대화를 이해하기
9단계	복합적 사고 능력의 향상	·사실, 추리, 비판 그리고 이들이 동시에 일어나는 집단 발화를 통해서 들리는 모든 것을 이해하는 능력을 향상시킴.
10단계	복합적 사고 능력의 향상: 문제 해결 능력	·전 단계를 비계 삼아서 문제를 해결하는 능력을 향상시킴
11단계	교육 내용의 추출과 교육 방안의 구안	·듣고 이해할 수 있는 모든 것을 문제로 만들어낼 수 있는 능력.

단계별 교육 목표 달성 방안

1 단계 - 발음과 어휘의 구분(청취력/청해력)과 교실 운영 표현의 이해 이 단계에서는 한국어 음운과 음절의 기본 음가와 어휘를 듣고 이해할 수 있는 능력을 길러 주어야 한다. 그리고 교실 운영에 필요한 표현을 지속적으로 노출하여 즉각적으로 이해할 수 있게 해 주어야 한다. 듣기 학습 목표 이해를 위한 듣기 내용((i+1)+1')의 입력도 고려해야 하는데, 기 학습된 내용의 확인을 위한 입력(i-1)과 함께 듣기를 통한 입력의 확장(i+1)에서 조금 더 나아가서 듣기를 통해서 새롭게 길러 줄 수 있는 학습 내용의 구안과 적용을 시도할 수 있어야 한다.

2 단계 - 문장, 기본 담화/텍스트 구조 인지 이 단계에서는 학습 목표로 설정 제공되는 종결어미 또는 연결어미를 이해의 중점에 둔 듣기 수행과 대화 구조에 대한 패턴 드릴로서의 듣기를 교육 단위로 삼아야 한다. 한국어의 문장과 기본 담화 구조에 대한 꾸준한 듣기의 제공은 사실 교실 현장에서 구안되고 수행되지 않으면 성취되기 어려운 부분이다. 한국어에는 특히 연결어미를 경계로 끊어 읽기가 대화의 의도를 관장하는 경우가 흔하다. 연결어미와 함께 종결어미는 일반적으로 의도가 실현되는 강세와 성조가 가장 잘 묻어나는(?) 지점이기도 하다. 듣기를 통해서 이 지점에 대한 이해도를 향상시켜줄 수 있어야 한다. 이 단계에서는 이와 함께 문어체 텍스트의 이해 능력 향상을 위한 듣기 역시 교수학습되어야 한다.

3 단계 - 내용 상세 인지; 핵심 정보의 이해 이 단계에서는 한국어로 제공되는 사실 즉, 어떤 견해가 아닌 사항에 대한 설명과 묘사 등으로 표현될 수 있는 내용에 대한 이해 능력 학습이 전개되어야 한다. 그리고 주어지는 듣기 자료에서 정보의 과잉, 부족, 적절성 판단할 수 있는 능력을 길러 주어야 한다.

4 단계 - 전경과 배경 정보의 구분, 이를 위한 내용 학습 이 단계는 듣기 능력 향상을 위해서 앞의 단계에서 배운 기본적인 능력을 활용하여 보다 많은 내용을 듣고 이해하는 능력을 배양하는 단계라고 할 수 있다. 앞의 단계에 대해서

교수학습되는 내용이 양적 측면에서 분명하게 확장되어야 한다. 전경과 배경 정보를 분명하게 구분하는 능력의 향상에 초점을 맞춰줄 필요가 있다. 이때의 교육 내용은 한국 문화에 관계된 것이 중점이 될 수 있다.

5 단계 - 전제와 결과, 과정의 추리 일반적으로 3급 수준에 해당하는 이 단계에서는 학습자의 듣기 능력 판단 및 조정 능력의 향성 단계로서 전제, 결과, 과정에 대한 이해 능력의 학습에 초점을 맞춰야 한다. 그동안 배운 문법적 표현과 어휘, 담화 구조에 대한 이해 수준을, '학습'의 단계를 넘어서서 '습득'의 단계로, 끌어올리기 위해서 적절히 구안된 방식으로 듣기 교육을 지속적으로 수행해 주어야 한다. 말하기와의 연계, 쓰기/읽기와의 연계에 의한 교육도 이 단계부터 비로소 본격적으로 시작되어야 한다.

6 단계 - 비판적 사고 이 단계에서는 비판적 사고를 도출할 수 있는 토론, 토의의 학습 방식을 이용하여 깊이 있게 듣고 이해하는 능력을 길러줄 수 있어야 한다. 이를 위해서는 비판을 위한 학술용어 즉, '사고도구어' 학습 같은 전문적인 표현들에 대한 교수학습도 병행되어야 하는데, 읽고 쓰는 수준과 동일하게 듣고 이해하는 능력을 향상시켜 줄 수 있어야 한다.

7 단계 - 다양한 텍스트의 이해: 불필요한 요소의 제거 능력 앞의 단계들이 누적적으로 제공된다는 가정하에, 이 단계에서는 특별히 불필요한 요소가 섞여 있는 듣기를 수행하고 정보를 취사선택할 수 있는 능력을 길러 주어야 한다. 이를 위해서 학습자는 다양한 대화, 보도문, 내레이션 등을 접할 수 있어야 한다.

8 단계 - 다양한 담화 유형과 그 상황의 이해 앞의 단계까지 이미 다양한 담화 상황들을 간단하게나마 접해온 학습자들에게 이제 거의 완벽한 대화로 구성된 담화 상황을 들려줄 수 있어야 한다. 이를 통해서 현실 세계에서 실현되는 여러 기능 중심의 대화를 이해할 수 있도록 해 주어야 한다.

9 단계 - 복합적 사고 능력의 향상 고급 단계로 볼 수 있는 이 단계에서는 '사실, 추리, 비판' 그리고 이들이 동시에 일어나는 '집단 발화'를 통해서 들리는 모든 것을 이해하는 능력을 향상시켜 줄 수 있도록 듣기 수업을 구안해야 한다. 이를 통해서 학습자는 비로소 복합적 사고 능력을 향상에 도달할 수 있게 된다.

10 단계 - 복합적 사고 능력의 향상: 문제 해결 능력 이 단계에서는 이전 단계를 지속적으로 교육해 나아가면서 그것을 다시 비계로 삼아서 문제를 해결하는 능력을 향상시키는 데에 초점을 맞출 수 있다.

11 단계 - 교육 내용의 추출과 교육 방안의 구안 전문가 단계로 볼 수 있는 이 단계에서는 듣고 이해할 수 있는 모든 것을 문제로 만들어낼 수 있는 능력을 길러 주는 데에 초점을 맞추어야 한다. 스스로 학습하고 생산해 내는 수업을 거치고 나면 교실을 벗어나서도 학습자 스스로 끊임없이 발전할 수 있게 되는 것이다.

듣기가 모든 영역에 우선될 수 있는 이유는 사실 간단하다. 모국어로서의 언어 학습이 듣기로부터 시작되기 때문이다. 눈의 감각을 가외로 두면, 사물에 대한 인지와 함께 개념으로 환원되고 갈무리되는 모든 과정은 사실 듣기로부터 시작된다고 할 수 있다. 따라서 듣기란 뇌의 인지 능력을 키워내는 자양분이자 질료라고 할 수 있다.

듣기 교육에 관한 연구들은 대부분 사회라는 공간 안에서 언어라는 특성을 재단하고 부분별로 적용하는 방식으로 이루어진다. 그러므로 듣기 역시 말하기 또는 쓰기의 영역과 맞닿아 있을 수밖에 없다. 그런데 이는 사실 모국어로서의 듣기와 그 교육이 만들어낸 결과물로부터 파생된 교육 방향으로 봐야 한다. 통합적으로 수행되는 언어의 기능 영역이 어느 정도 갖추어진 학습자들의 능력을 향상시켜 주기 위한 방향성을 가정하고 이론의 흐름을 잡은 것으로 볼 수 있는 것이다. 이런 전제하에 논자는 외국어 또는 제2 언어로서 한국어교육에서는 조금 다른 접근이 필요하다고 판단했다. 외국인을 대상으로 하는 한국어교육에서 듣기가 - 모국어와 그 이상의 언어 구사 능력을 이미 지니고 있는 학습자를 대상으로 할 때 - '듣고 말하기', '듣고 쓰기'처럼 수행의 측면에서 당연히 동원되는 기술로 이해되었다면 이들을 가능하게 할 수 있는 기저 능력으로 듣기를 이해하고 듣기 본연의 능력을 향상시켜줄 수 있는 교육 목표와 방법이 필요하다고 본 것이다.

이에서 제안하고 있는 11단계의 '예측 가능한 교육 방법'은 물론 누구나 예측할 수 있는 교육 방법이다. 하지만 그것만이 중점이 되어야 하는 이유는 지금까지 아무도 설명해 주지 않았다.

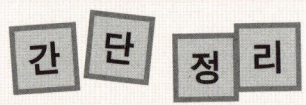

1. 들리는 것에 대한 분류와 분석을 위해서는 담화가 이루어지는 상황에 대한 포괄적 인식이 필요한데, 이때 전경과 배경(figure-ground theory), 텍스트성(textuality) 등의 인지 가능한 의사소통의 기능에 관계하는 담화/텍스트 언어학적 구분과 요소들을 적극적으로 반영할 수 있어야 한다.
2. 발음과 어휘의 구분(청취력/청해력)과 교실 운영 표현의 이해 단계에서는 한국어 음운과 음절의 기본 음가와 어휘를 듣고 이해할 수 있는 능력을 길러 주어야 한다
3. 문장, 기본 담화/텍스트 구조 인지 단계에서는 학습 목표로 설정 제공되는 종결어미 또는 연결어미를 이해의 중점에 둔 듣기 수행과 대화 구조에 대한 패턴 드릴로서의 듣기를 교육 단위로 삼아야 한다.

12. 쓰는 글과 문법

> **생각쪽지**
> 1. 무엇인가를 적는 것과 쓰는 것은 어떻게 다른지 생각해 보자.
> 2. 텍스트를 구성하는 데 관여하는 문법적 요소로는 무엇이 있을지 찾아보자.
> 3. 문장의 문법과 담화의 문법은 어떤 차이가 있을지 찾아보자.

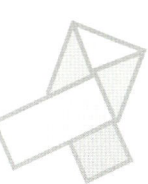

12.1. 문어적 표현으로서 문법 1

문어와 문어적 표현 문법의 원리

어떤 장르에 속해 있는 글의 부분과 문단을 이루고 있는 문장이란 필경 '의미를 지닌 단어(어휘)가 통사적으로 취사선택되어 결속하여 문장의 의미로 표현되는 것'이니, 한 문장에 대한 이해 중심의 접근은 '문법적으로 설명해 내야 하는 것', '문법적으로 설명할 수 있는 것'이 아니라, '통사적 결속에 대한 이해로부터 설명이 곧 시작되는 것'으로 이해해야 한다.

그러므로 어떤 한 문장에 대한 진릿값의 확인은 문법 이해와 함께 수행되는 것이 아니라 통사적 결속에 대한 이해 이후에 시작되는 것으로 볼 수 있다.[31) 32)]

그런데 이처럼 문법의 역할과 기능에 대한 첨예하지 않은 질문에 대한 답은 의외로 가까이에 있다. 문법의 중심에 장르가 있는 것은 아니지만 장르의 한 중심에 문법이 존재하는 것에는 이의가 없을 것이니 문법에 대한 이해로 장르에 대한 이해를 더 깊게 할 수 있다는 것을 출발점으로 삼으면 된다.

---

31) 의도적으로 '문법적'과 '통사적'을 구분했다. 이는 문법이 통사적인 개념을 포함하는 상위의 개념으로 이해하는 방식을 염두에 두었기 때문이다. 통사적 접근은 제한적 차원에서 이루어져야 하고 문법적 접근은 그보다 상위의 측면을 결속하는 지점에서 그에 맞는 역할을 수행하는 개념으로 이해되어야 한다.

32) 이 기술은 사실 지배결속 이론의 측면에서 보자면 굉장히 위험한 표현이 될 수도 있다. 일례로 시간성을 기호화하는 문법범주로서 시제와 상을 논의하고 있는 Klein(2000)에서는 시간성에 어휘의미론, (화용론적인) 직시, 의미의 문맥의존성, 동사변화의 형태론, 양화의 문제, 어순 그리고 통사론적 제 양상 등 모든 것이 개입되어 있는 것으로 보며, 시제와 상의 상호작용은 통사론에 대한 참조 없이 불가능한 것이라고 기술한 바 있다. 통사론의 역할과 참조의 전후 맥락, 정도 등이 생성문법의 주요 연구 쟁점이라고 볼 때 통사적 결속 이전과 이후라는 표현은 순차적 발생으로 이해될 수 있는 명확한 표현이 못된다.

따라서 장르 중심의 문법 교육은 문법을 구성하는 모든 요소들을 장르 중심으로 재편하고 상세하게 구분하는 것으로 문법 교육의 방향성을 제시해 줄 수 있을 것이다.

쓰기와 문법 쓰기의 본질은 '생각을 글로 잘 표출하는 데'에 있다. 굳이 여러 학자들의 논의에 기대지 않더라도 쓰기는, 문법적이며 기능적이며 장르적이다.

심상민(2013)에서 이미 비판적으로 언급되었듯 "기존의 쓰기 교육에서 바라본 문장 층위에서의 문법은 단순히 통사적 지식을 제공하고 실제성이 결여되어 있다는 문제점을 갖고 있다는 것을 알 수 있다. 그러나 담화 층위로 문법의 개념을 확장시켰을 경우에는 맥락의 개념이 들어오면서 실제성이 확보되고, 어휘·문장 수준에서의 고정화된 용법(usage)의 지식이 맥락이라는 요소의 영향으로 가변적인 사용(use)의 지식으로 바뀔 수 있다."처럼 쓰기의 교육은 담화와 맥락 층위에서, 텍스트와 장르를 구축해 내는 방향으로 내딛고 있다.

쓰기교육이 이루어지는 공간과 대상을 고려해 볼 때 쓰기와 문법의 관계는 '쓰기를 위한 문법적 요소들이 교육되는 것'이 아니라 '쓰기에 관여하는 문법적 요소들을 교육적으로 갈무리하여, 쓰기에 직접 맞닿도록 하는 것'이 핵심이라고 할 수 있을 것이다.

이때 문법적 요소들이 텍스트적이고 장르적인 것으로 확장되는 것은 두 가지 측면에서 재론될 필요가 있다. 하나의 모국어를 교수학습하는 단계의 측면에서는 쓰기와 문법, 그리고 텍스트와 장르가 각각의 정도와 수준의 차이가 있다는 전제하에 통합적으로 고려될 수 있다. 그런데 이미 하나의 모국어를 습득한 학습자가 외국어를 학습하는 단계에서는 이미 완성된(?) 학습자의 모국어 언어 체계가 외국어 언어 체계와 통합 또는 외국어 언어 체계를 수용할 수 있는 환경을 고려하여 기능적 수준으로 제한할 필요가 있다. 이러한 배경하에 외국인 학습자의 쓰기 교육에 관련되는 문법은 '쓰기 (관련) 교육문법' 측면에서 연구될 필요가 있다.

문어 표현 문법의 실현 방식

이제 문어 표현 문법의 실현 방식을 장르와 문법 그리고 그 교육 방식으로 이해해 보기로 하자.

장르와 문법 교육 이해하기 장르 중심의 문법 교육의 가장 기본적 접근은 각각의 장르(주제, 상황, 기능 등을 기준 삼아 장르의 구성 내용과 방식을 다시 세분할 수 있는)에 관여하는 문법적 요소를 사상(mapping)시키는 것이다. 그런데 이는 자국어를 외국어로 가르치는 영역에서 이미 시도되고 적용되어 왔으며 군건하게 자리 잡은 형태이기도 하다. 한국어를 외국어 교육 측면에서 접근할 때 교재(교육내용과 방식)의 편제는 소통을 중점에 둔 주제, 상황, 기능 중심의 기준을 정하고 그 각각에 담길 수 있는 대화와 텍스트를 배체하는 데에서 시작된다. 이때 대화 상황과 텍스트의 성격은 연계되고 반복되면서 다양하게 확장되는 구성을 취하면서 학습자의 듣기, 말하기, 읽기, 쓰기 능력을 향상시키는 데에 초점이 맞춰져 있다. 그리고 각 단원별 학습 목표를 중심에서 이끄는 것은 '표현'들이다. 이때의 표현은 '문형'이라 불리는 문법 교육의 단위가 주를 이룬다.

문형은 조사와 어미가 명사, 동사, 형용사, 어구 등과 결합하며 종결(의향), 시제, 피동, 사동, 높임, 부정은 물론 다양한 양태를 실현하게 되며, 전체적 교육 맥락을 고려하여 의미와 기능 중심으로 주제와 제재를 드러내는 방식으로 교육된다.

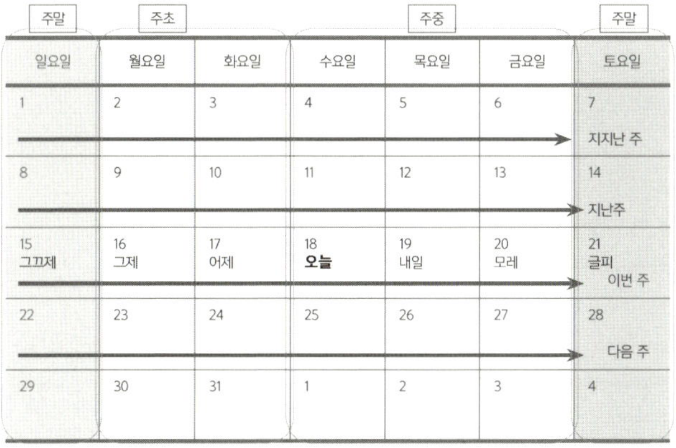

〈그림 3〉 초급 1 수준 요일 관련 시간 표현 일례1

오늘은 수요일이에요.   내일은 목요일이에요.   모레는 금요일이에요.
어제는 화요일이에요.
그제는 월요일이에요.
　　　　　　　　오늘은 18일이에요.   내일은 19일이에요.   모레는 20일이에요.
　　　　　　어제는 17일이에요.
그제는 16일이에요.
　　　　　　　　　저는 오늘 친구를 만나요.
　　　　　　　　　　　　　　저는 내일 친구를 만날 거예요.

　　　　저는 어제 영화를 봤어요.
　　　저는 그제 열심히 공부를 했어요.

〈그림 4〉 초급 1 수준 요일 관련 시간 표현 일례2

〈그림3〉과 〈그림4〉처럼 초급1 수준의 교재에서 〈요일 묻고 대답하기〉라는 기능 중심으로 교육 내용을 만들 경우 요일에 대한 이해와 함께 '어제는~이에요/예요'에 더하여 '어제~었어요', '오늘~어요', '내일~을 거예요'라는 문형을 배치해 둔 것을 확인할 수 있다. 이 교재에는 어제/오늘/내일이 며칠인가를 묻는 질문에 현재형 대답을 하도록 답을 통제하는 한편(실제로는 '어제는 일요일이었어요.'와 같은 응답이 틀린 것이 아니다.) 오늘이라는 시간 안에 '-을 거예요, -이에요, -었어요'를 모두 쓸 수 있다는 것을 보여주고 있다.[33] 요일과 시간성(동작상과 발화시), 오늘이 며칠인지 묻고 답하기와 어제, 오늘, 내일 무엇을 했고, 하며, 할 것인지를 묻고 답하는 상황에 대한 학습을 위해서 우리는 다음과 같은 표현이 필요한 것을 알 수 있다.

(1) 요일: 월요일~일요일
(2) 주: 주초, 주중, 주말, 이번 주, 다음 주 등
(3) 문형: -(으)ㄹ 거예요, -어요, -었어요, 을/를 하다, 을/를 V, 에 V

물론 이 외에도 무슨, 며칠, 어디 등등의 표현들이 결합될 수 있다. 그러나 요일에 대한 학습은 요일을 이해하는 데에 최대한 집중할 수 있도록 초점화되어야 하기

---

33) '오늘 뭐 할 거예요? 오늘 OOO을 해요. 오늘 OOO을 했어요'처럼 동작이 수행되는 상황(동작상) 전후의 발화시에 따라서 오늘이라는 시간 내에서 '-을 거예요, -어요, -었어요'는 모두 사용이 가능하다.

때문에 앞의 문형을 죄다 결합시켜 노출하거나 교수학습하기 어렵다. 교육은 단계별 과정에서 획득되는 성취의 정도를 고려해야 하기 때문이다. 다음을 보자.

> **7　다양한 직업**
>
> 이색 직업이란 사람들이 잘 모르거나 흔하지 않은 직업을 말한다. 세상이 빠르게 변화하면서 다양한 직업들이 생겨났다. 컴퓨터가 발달하고 사용자가 많아지면서 컴퓨터게임 제작자는 물론 게임을 중계하는 "게임자키"라는 직업도 생겼다. 인터넷이 발달하면서 인터넷소설가라는 직업도 생겼다. 인터넷의 발달로 독자들의 호응을 얻을 수 있는 방법이 다양해졌기 때문에 누구나 소설가가 될 수 있는 길이 열린 것이다. 다음 직업은 어떤 일을 하는 것인지 생각해 보자. 그리고 이 직업 중에서 당신에게 가장 잘 어울리는 직업은 무엇인지 한번 생각해 보자.

〈그림 5〉 고급 읽기 교재A 구성 일례

이 텍스트는 고급 단계 학습자의 읽기 능력 향상을 위한 교재의 직업 단원에 있는 글이다. 설명적 성격을 띠고 있으며 학습자에게 이색 직업에 대한 정보를 제공하는 글로 이해할 수 있다. 저자는 이와 관련한 핵심 학습 문형으로 다음의 〈그림6〉처럼 '-면서'를 들고 있다.

> **표현 뽑기**
>
> ■ 「S1 -면서 S2」
> 문장 S1에서의 변화 때문에 문장 S2가 변화되었음을 말하고 싶을 때 쓴다.
>
> > **보기**
> > 한가하던 철수가 바빠졌다. 그래서 요즘은 철수를 만나기가 힘들어졌다.
> > → 철수가 바빠지면서 (요즘은 철수를) 만나기가 힘들어졌다.
>
> ◎ 다음 문장의 밑줄 친 부분을 위의 예처럼 바꿔 보시오.
> 1. 세상이 빠르게 <u>변화했다. 그래서</u>^ 다양한 직업들이 생겨났다.
>   → _____
> 2. 컴퓨터가 발달하고 사용자가 <u>많아졌다. 그래서</u>^ 게임을 중계하는 '게임자키'라는 직업도 생겼다.
>   → _____
> 3. 인터넷이 <u>발달했다. 그래서</u>^ 인터넷 소설가라는 직업도 생겼다.
>   → _____

〈그림 6〉 고급 읽기 교재A 텍스트의 학습 문형

실제 이 텍스트에서 사용된 문형은 다음처럼 정리해 보일 수 있다.

(4) -이란, -거나, -지 않다 + -은 N, -(으)면서, -고, -라는, -(으)ㄹ 수 있는, -기 때문에...[34]

고급 단계는 주제화된 텍스트를 통해서 그들이 그간 배운 표현들을 강화시키는 동시에 다양한 어휘와 표현(유사 표현, 대응/대조 표현) 등을 학습해 나아가는 데에 교육 초점을 맞추게 된다. 실제 고급 교재들에 구성된 교육 내용을 보면 문형에 대한 세밀한 제시나 설명을 최대한 자제하고 있음을 알 수 있다.

지금까지 살펴본 초급과 고급의 일례에서 우리는 다음과 같은 상황을 파악해낼 수 있게 되었다.

1) 초급 1단계에 필요한 시간 관련 문법 표현으로 예문(3)에 쓰인 문형 '-(으)ㄹ 거예요, -어요, -었어요' 등과 함께 시간 내 행위를 나타내는 문형 '을/를 하다, 을/를 V, 에 V' 등이 필요하다.

2) 고급 단계 직업이라는 주제로 설명하는 글 작성/이해 시에는 예문 (4)에 쓴 것처럼 '-이란, -거나, -지 않다, -은 N, -(으)면서, -고, -라는, -(으)ㄹ 수 있는, -기 때문에' 등의 표현이 필요하다.

시간성과 직업을 일종의 장르로 볼 수 있다면, 그것으로부터 출발하는 방향성에 기대어, 그것의 기술에 필요한 문형들은 분명하게 선택될 수 있다. 그리고 이들은 당연히 교육의 핵심요소가 된다. 따라서 한국어교육의 측면에서는 이미, 그리고 당연히 장르별 문법이 구분되어야 한다는 인식은 타당한 개념으로 정착되었다고 할 수 있다. 하지만 그동안 이것은 보통 주제화 구성이라는 인식으로도 충분히 설명 가능했다. 일련의 담화와 대화, 텍스트 구조를 상황이나 기능, 주제를 상정하여 마련할 때 필요한 어휘와 문형을 각각의 주제화 구성을 통해 마련하려는 노력은 남지순(2007)으로부터 조형일(2010)에 이어 강현화(2017)에 이르기까지

---

34) 그런데 이들 문형은 사실 고급 문형이 아닌 초·중급 문형으로 보아도 무방해 보인다. 실제로 1급부터 4급에 이르는 동안 한국어 학습자는 문형이라고 불릴 수 있는 웬만한 문형들은 거의 다 배웠다고 해도 무방할 것이다.

꾸준히 이루어져 왔다고 할 수 있다.[35] 그러므로 장르와 문법교육은 아직 맞닿을 만큼 사이가 채워지지는 않은 것으로 보아도 될 듯싶다. 장르로부터 내려오면 반드시 문법이 필요한 부분이 드러나기는 하지만 그것의 역방향은 등가의 가중치로 성립한다고 보기 어렵고 필요한 문법의 교육이 장르적인가라는 의구심을 여전히 벗기 어렵기 때문이다.

간단정리

1. 쓰기의 본질은 '생각을 글로 잘 표출하는 데'에 있다. 굳이 여러 학자들의 논의에 기대지 않더라도 쓰기는, 문법적이며 기능적이며 장르적이다.
2. 쓰기교육이 이루어지는 공간과 대상을 고려해 볼 때 쓰기와 문법의 관계는 '쓰기를 위한 문법적 요소들이 교육되는 것'이 아니라 '쓰기에 관여하는 문법적 요소들을 교육적으로 갈무리하여, 쓰기에 직접 맞닿도록 하는 것'이 핵심이라고 할 수 있다.
3. 문형은 조사와 어미가 명사, 동사, 형용사, 어구 등과 결합하며 종결(의향), 시제, 피동, 사동, 높임, 부정은 물론 다양한 양태를 실현하게 된다.
4. 문형은 전체적 교육 맥락을 고려하여 의미와 기능 중심으로 주제와 제재를 드러내는 방식으로 교육된다.

---

35) 조형일(2010)에서는 어휘와 문형의 시소러스 구성이 교육적으로 효과적임을 밝히면서 이들의 주제화 구성이 필요함을 주장한 바 있다.

12. 쓰는 글과 문법

> **생각쪽지**
> 1. 하나의 글을 쓴다는 것은 어떤 행위를 수반하는 것인지 고민해 보자.
> 2. 어떤 장르의 글을 쓴다는 것과 쓰게 한다는 것의 간극과 문법의 역할에 대해서 고민해 보자.
> 3. 하나의 글을 써 보자. 그리고 그 글을 동일한 의미를 갖되 다른 표현으로 바꾸어 보자. 어떤 문법적 변화가 적용되었는가?

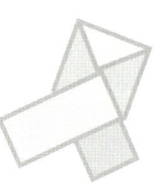

12.2. 문어적 표현으로서 문법 2

쓰기 문법의 쟁점

조형일(2017 : 432-434)에서는 쓰기 문법에 대해서 다음처럼 주장한 바 있다.

→ 문장의 완전성은 문형보다 이것의 앞뒤로 결합하는, 선행절과 후행절로 구현된, 사고의 펼침에 따라서 결정된다. 따라서 어떤 한 문형을 전면에 두고 이와 결합하는 단어를 제한적으로 설명해 내는 것은 의미적 측면의 시도인 것처럼 보이지만 이는 사실 통사적 측면에 더 가깝다.

→ 문형에 대한 설명적 제시는 그것과 결속되는 단어로부터 시작하여 이들이 어떤 형태로, 통사적인 구성을 취하여 앞뒤로 응결하는지를 이해할 수 있게 해 주는 것을 목표로 삼아야 한다.

→ 이러한 인식을 기반으로 할 때 비로소 '절대적으로 가변적'일 수밖에 없는 문형의 실체에 접근할 수 있을 것이며 그로부터 파생되는 여러 조건들을 설명해낼 수 있는 배경 지식을 제시해 볼 수 있게 된다.

→ 발신자와 수신자의 관계와 맥락 안에서 이루어지는 주제화와 초점화는

절대적으로 '문맥수의적(context-optionally)'으로 이루어진다.

→ 이 때문에 문장은 '가변적인 상황 안에서 문법적으로 기능하는 요소들이 결합한 것'으로 파악해야 한다.

→ 이러한 입장에서 보면 기존의 인식 즉, '문법적으로 완전한 문장을 만들어서 상황에 맞는 대화를 구성·구사한다'가 아닌 '상황을 이해하고 그에 맞게 문장을 구사하는 것이 문법적으로 완전한 문장이다'로 인식의 순서가 바뀌어야 한다는 결론에 도달할 수 있게 된다.

쓰기 문법의 적용 양상

앞서의 인식은 상황 이해성이 문법적 완전성보다 더 큰 교육 목적이 되어야 한다는 것을 보여준다. 그리고 그 안에서 문법이 어떤 역할을 해야 하는지가 곧 연구의 쟁점이 되어야 함을 밝히고 있다고 할 수 있다.

문법적 완전성 〈 상황 이해성

그리고 이러한 인식은 결국 학습자 스스로 무엇을 어떻게 말할 것인가가 중요하고 이를 어떻게 교육시킬 것인가가 교육의 관건이 되며, 문법의 교육성은 이러한 배경하에서 초점화되어야 하는 것으로 이해할 수 있게 해 준다.

쓰기 문법이 어떻게 교육적으로 적용되어야 하는지는 필자가 공동으로 제안한 '세 문장 쓰기 교수법'을 통해서 간단하게나마 확인해 볼 수 있다. 세 문장 쓰기 교수법의 방식은 다음과 같다.

세 문장 쓰기 교수법의 급별 핵심 내용 진단

1) 초급 '어휘 수준 = 문법 수준 > 내용 세계(가능 세계 의미론 측면에서 고려된)'를 고려하여 초급 수준의 쓰기 교수법 주제를 확정해야 한다.

-이들 주제별 영역과 수준에 맞는 세 문장 글쓰기를 수행하도록 한다.

-이때 적절한 표현을 사용하여 세 문장으로 생각을 펼치는 방식을 학습하는 데에 중점을 두어야 한다.

-초급 단계를 1, 2, 3, 4, 5 단계처럼 세밀하게 나누고 쓰기 교재 또는 통합형 교재 활동 부분의 쓰기 교육 내용을 구성 편재할 수 있어야 한다.

2) 중급 '어휘 수준 = 문법 수준 = 내용 세계'(가능 세계 의미론 측면에서 고려된)를 고려하여 중급 수준의 쓰기 교수법 주제를 확정해야 한다.

-세 문장 쓰기에서 세 문단 쓰기로 확장 학습할 수 있도록 주제화 구성을 적용해야 한다.

-중급 단계를 1, 2, 3, 4, 5 단계처럼 세밀하게 나누고 쓰기 교재 또는 통합형 교재 활동 부분의 쓰기 교육 내용을 구성 편재할 수 있어야 한다.

3) 고급 '어휘 수준 > 문법 수준 = 내용 세계'(가능 세계 의미론 측면에서 고려된)를 고려하여 고급 수준의 쓰기 교수법 주제를 확정해야 한다.

-세 문단 쓰기에서 세 부분 쓰기로 학습할 수 있도록 구조 측면의 결합에 집중된 내용과 방식을 확장하여 적용해야 한다.

-고급 단계의 학습자를 위한 쓰기 중점의 교육 시간을 할애하여, 상세화, 정밀화 등에 보다 집중된 학습이 이루어질 수 있도록 교수·학습 방안을 설계하고 수행하여야 한다.

　세 문장 쓰기 교육의 핵심은 결국 학습자로 하여금 하나의 주제로 수렴되는 완성도 높은 글을 쓸 수 있도록 해 주는 데에 있다. 학습자의 글쓰기 수준의 편차는 지금까지 학습자 개개인의 능력에 의존하는 바가 컸다. 따라서 글쓰기 교육 역시 문종에 따른 글에 대한 모형을 알려 주거나, 글의 구조, 구성의 방식을 알려 주는 것에 머무는 모양새를 취했다. 하지만 베껴 쓰거나 빈곳을 채워 넣는 정도로는 세밀하고 정밀한 쓰기 능력의 향상은 요원할 것이다. 세 문장 쓰기는 학습자와 교사가 함께 노력해야 할, 그리고 노력할 수 있는 지점을 제시한 교수법이다. 이제 그 모형의 구축 양상을 보면서 문법이 어떻게 쓰기 교육적으로 적용되는지 살펴보자.

세 문장 쓰기 모형의 구축 앞의 진단을 바탕으로 하여 다음과 같은 쓰기 교육 모형을 구축할 수 있다.

〈표 9〉 세 문장 쓰기 교수법의 방식

학습 필요 문형		가면, 먹으면 ← 어휘 결합 연습
[-으면]		
한 걸음	문장 이해	거기에 가면 좋겠어요. 먹으면 좋을 거예요. 그것이 되면 좋을 거예요.
	※기본 단계로서, 문형 이해를 위해 간단한 문장을 구축 연습함.	
	첫 문장 이해하기: 문장의 응결성(co-hesion) 이해하기 ← 이때 문장의 유형(주술 호응과 종결형)을 단계별로 확장하여 제시	
	둘째 문장 이해하기: 첫 문장과의 응집성(coherence) 이해하기 ← 첫 문장의 형태/의도에 따른 둘째 문장과 연쇄에 대해 이해하기	
	셋째 문장 이해하기: 앞의 문장들과 응집성 이해하기 ← 앞의 문장들과 어떤 의도와 방식, 의미로 연결되는지 이해하기	
	※설명보다 문장을 보고 인지하는 방식을 중점에 둠. showing	

두 걸음	문장 쓰기	나는 -면 좋겠다 그가 가면 내가 좋겠다 그가 장소에 가면 내가 어떻게 좋겠다
	※주술 호응에 따른 문장 쓰고 이해하기	
	그래서 하지만 그래야	
	※문장 연결의 표현들을 사용하여 두 번째 문장으로 확장된 글쓰기	
	하지만 그리고 그래서 왜냐하면 결국	
	※문장 연결의 표현들을 사용하여 세 번째 문장으로 확장된 글쓰기	
세 걸음	글 만들기	조건에 따라서 세 문장을 써 보기 연결 표현 지워 보기
	※그것을 하면, 그것이 생기면, 그것의 변화가 다른 사람, 말하는 이에게 변화를 주는지를 이해시키고 문장을 구성하여 자유롭게 작성하도록 함.	
	거기에 가면 그 사람을 만날 것이다 그 사람을 만나서 무엇을 할 것이다 그것이 지금 내게 가장 필요한 것이다	
	※예시 문장을 줌. 　이때의 예시문은 코퍼스를 이용하여 선정한 전형적인 것으로 만듦.	

한걸음 단계에서는 주어진 문형을 이해하고 이를 활용하여 하나의 문장을 만든 후 뒤이어 올 문장이 어떻게 연결되어야 하는지를 학습자 스스로 만들도록 유도하게 된다. 이때 여러 명의 학습자들이 서로 다른 문장 형태를 만들 수 있도록 최대한 '열린 공론장의 교실 환경'을 만들어 주는 것이 중요하다.

학습자의 수행 결과는 두 유형 정도로 분류할 수 있다. '첫 문장을 만들면서 이미 뒤에 올 문장을 예측하거나, 첫 문장을 만든 후 뒤에 올 문장으로 무엇을 쓸지 고민하거나'이다. 이들은 모두 첫 문장을 만든 후 두 걸음, 세 걸음 단계를 수행하는 데에는 큰 어려움이 보이지 않는다. 이에 따른 교육 결과는 매우 다양하게 나올 수 있다. 이러한 단계를 거쳐 이루어진 학습자 글쓰기의 변화를 살펴보기로 하자.

세 문장 쓰기 연습 후 학습자 글쓰기의 변화 다음은 세 문장 쓰기 연습 후 시차를 두고 작성된 중국인 학습자(5급 초급 학습 단계 수준)의 글이다.

[4-1]
1) 그 사람을 만나면 꼭 아래에 말을 전달해주세요.
2) 3일 전에 운동장에서 기타를 쳤던 남자에게 첫눈에 빠졌어요.
3) 제 친구는 지금은 급하게 그 남자를 찾고싶어서 여러분들이 다 도움을 주시기 바래요.

[4-2]
1) 여름이 오면 건강에 해롭지만 시원한 아이스크림을 많이 먹을 수 있는 것이 행복하다고 생각한다.
2) 이것뿐만 아니라 밤에 밖에서 친구와 함께 이야기를 하는 것은 좋은 기억을 만들 수 있다.
3) 그래서 여름은 제 제일 좋아하는 계절이다.

[4-3]
1) 오늘 백화점에 가게 된다면 사고 싶은 것을 다 사야 해요.
2) 얼마후에 중국에 돌아가겠으니까 이동안 사지 못하는 것이 다 살거에요.
3) 그런데 사실에 돈이 복족해서 아마 몇 개만 살 수 있을거에요.

I대학 4급 수료 수준 학습자(루이밍) 작성글 텍스트 전사 〈2단계〉

이에서 보이듯 이 학습자는 두 번째, 세 번째 문장을 이미 염두에 둔 글쓰기를 수

행한 것으로 보인다. 세 문장 쓰기 학습법의 일차적 목적은 세 개의 문장으로 자신의 생각을 잘 엮어서 쓰는 것을 자연스럽게 습득해 내는 것이다.

세 문장을 세 문단으로 확장하여 쓰기 세 문장으로 글을 쓰는 법을 익힌 학습자들을 대상으로 세 문장을 세 문단으로 확장하는 글쓰기를 수행할 수 있다. 이의 조건은 다음과 같다.

〈표 10〉 세 문장 기반 세 문단 쓰기의 조건과 방법

〈1단계〉	문형 선택지에 쓰인 문형을 차근차근 읽어가면서 자신이 이해하고 있는지 확인한다. 이때 예문을 잘 보고 그 해당 문형의 의미와 기능을 분명하게 이해한다.
〈2단계〉	세 문장 쓰기 연습지에 문형을 사용하여 문장을 만든다. -[1-1] 문형 하나를 사용하여 문장을 만든다. -[1-2] 문형 하나를 더 사용하여 앞 문장에 이어지는 내용으로 문장을 하나 더 만든다. *이때 '그러나, 그래서, 그리고, 하지만, 또한, 그렇지만, 왜냐하면, 또한, 게다가, 더구나'등의 표현을 사용하여 연결할 수 있다. -[1-3] 문형을 하나 더 사용하여 앞 문장에 이어지는 문장을 만든다. 완성된 글을 읽어보고, 자신의 생각을 제대로 담았는지 확인해 본다. 이상한 부분이 있으면 고쳐 본다.
〈3단계〉	6. 세 문장으로 쓴 글을 하나의 문장으로 만든다. 7. 두 개의 긴 문장으로 생각을 이어본다. 8. 하나의 단락을 만들었다. 이제 이 단락을 중심생각으로 하는 하나의 글을 써 보자. 이 단락을 맨 처음 단락에 두고 글을 이어서 쓸 수도 있고, 이 단락 사이사이의 내용을 채워 넣을 수도 있다.

〈1단계〉에서는 제공되는 문형 선택지를 확인하면서 스키마를 일깨우는 한편 적절한 어휘 인출의 준비 단계를 거쳐 어떻게 활용하여 문장을 만들어 엮을 것인지 준비하게 된다. 이때 제공되는 문형선택지는 다음과 같다.

세 문장 쓰기 문형 선택지

문형	예문
-(으)ㄴ 끝에	그 사람은 열심히 노력한 끝에 성공했습니다.
-(으)ㄴ/는 김에	아침에 일찍 일어난 김에 운동을 하고 왔어요.
-(으)ㄴ/는 대로	설명서에 나와 있는 대로 해 보세요. 그럼, 될 거예요.
-(으)ㄴ/는데다가	그 식당은 맛있는데다가 값도 싸요.
-(으)ㄹ 뿐(만) 아니라	제 여자 친구는 예쁠 뿐만 아니라 마음씨도 고와요.
-(으)ㄴ 채로	너무 피곤해서 옷을 입은 채로 잠이 들었습니다.
-(으)ㄹ 겸	친구들도 만날 겸 고향에 다녀오려고 해요.
-(으)ㄴ/는 반면(에)	새로 이사한 집은 넓고 좋은 반면에 지하철역에서 좀 멀어요.

*이하 생략

세 문장 쓰기 문형 선택지 일부

<1단계>를 통해 어떤 문형을 선정하여 어떤 내용으로 글을 쓸 것인지 결정한 학습자는 이제 <2단계>에서 앞서 익혔던 세 문장 쓰기 방식에 따라서 하나의 완성된 주제로 수렴된 글을 완성하게 된다. 이때 학습자들이 연결 표현의 활용에 조금 집중할 수 있도록 유도할 필요가 있다. 이를 통해 비로소 <3단계>에서 세 문단을 쓸 준비를 마치게 되기 때문이다.

<3단계>에서 학습자들은 두 개 중 하나의 선택을 하게 된다. 하나는 세 문장으로 작성한 자신의 글을 첫 문단으로 삼고 뒤에 이어지는 두 개의 문단을 작성하여 하나의 글로 완성하는 것이고, 다른 하나는 세 문장을 각각 세 문단의 핵심 내용으로 삼고 사이사이 세 개의 문단으로 글을 확장하여 작성하는 것이다. 학습자들이 작성한 다음 내용에서 확인할 수 있다.

[1-1] 그 식당은 맛있을 뿐만 아니라 값도 싸요.
[1-2] 그래서 친구랑 같이 가자고 했다(√했어요).
[1-3] (√그런데) 손님(√이) 많아서 (√오랫동안) 줄을 선 끝에 (√겨우) 먹었어요.

[2-1] 마나는 학교에 오자마자 잤어요.
[2-2] 세븐틴을 보느라고 요즘 바쁜가 봐요.
[2-3] 저는 매일 세븐틴 이야기를 들을 수밖에 없어요.

[3-1] 저는 다른 학생들에 비하면 나이가 많아요.
[3-2] 차이가 많기 때문에 힘들 때가 있어요.
[3-3] 그런데 이미 유학을 왔으니까 열심히 할 수밖에 없어요.

[4-1] 저는 생각이 많은 편이에요.
[4-2] 낙천적으로 생각하는 수가 없어요.
[4-3] 성격은 고치기가 힘들어요.

[5-1] 저는 고등학교를 졸업하고 나서 바로 취직을 했어요.
[5-2] 그때는 꿈이 없었기 때문이에요.
[5-3] 그런데 일하다보니 일본어 교사라는 꿈이 생겼어요.

[6-1] 저는 운동 잘 못한 편이에요.
[6-2] 그런데 친구랑 헬스에 가다보니 요즘 재미있어요.
[6-3] 혼자하기 어렵더라도 친구랑 같이 하면 재미있는 것이 많아요.

학습자01의 세 문장 쓰기 사례 실제 텍스트 전사 내용 〈2단계〉

이에서 밑줄 친 부분은 앞서 제시한 문형 선택지에서 학습자 스스로 고른 것이다. 군데군데 잘못 적용된 부분이 없지 않으나 하나의 연쇄된 생각을 작성한 것이기에 문형 오류에 대한 피드백도 일관된 내용 속에서 효과적으로 이룰 수 있다는 장점을 확인할 수 있다. 학습자가 선택한 하나의 주제 안에서 발생한 오류의 교정은 하나의 문장 수준이 아닌 글의 내용 층위에서 교수·학습되는 과정으로 볼 수 있기 때문이다.

[7-1] 저는 고등학교를 졸업하고 나서 바로 취직을 했어요.
그때는 꿈이 없었기 때문이에요.
그런데 일 하다보니 일본어 교사라는 꿈이 생겼어요.
[7-2] 공부에 집중해야 했기 때문에 회사를 그만두고 공부에 전념했어요.
오랫동안 공부를 하지 않아서 처음에는 무척 힘들었어요.
하지만 열심히 해서 대학교에 편입할 수 있었어요.
[7-3] 대학에서 공부하다보니 한국에서 한국인에게 일본어를 가르치고
일본의 좋은 문화에 대해 알려 주고 싶은 마음이 생겼어요.
그러기 위해 일본어 교사 준비와 한국어 공부를 열심히 하고 있어요.

나는 올해 27살이 된 일본인 유학생이다. 고등학생 때 꿈도 없고 공부도 잘 못하는 편이었기 때문에 고등학교를 졸업하고 나서 바로 취직을 했다. 그런데 3년동안 일 하다보니 일본인 교사라는 꿈이 생겼다. 일본어교사가 되기 위해서 공부에 집중해야 했기 때문에 회사를 그만두고 전문학교에 입학해서
공부에 전념 했다. 다른 학생에 비해 나이도 많고 오랫동안 공부를 하지 않아서 처음에는 무척 힘들었다. 하지만 열심히 공부 해서 대학교에 편입할 수 있었다. 대학교에서 공부 하다보니 한국에서 한국인에게 일본어를 가르치고 일본의 좋은 문화에 대해 알려주고 싶은 마음이 생겼다. 나는 회사에 타녔을때부터
한국 드라마나 K-POP을 좋아했는데 내가 한국에서 일 하고 싶은 이유는 하나 더 있다. 그건 남자 친구 때문이다. 나의 남자 친구는 한국사람이다. 남자친구가 유학생으로 일본에 왔을 때 대학교에서 만났다. 그런데 남자친구는 유학기간이 한달밖에 없었기 때문에 (우리는 장거리 연애가 바로 시작했다. 장거리 연애는 힘드는 반면에 만났을 때는 너무나 기뻤다. 나는 일본어교사 공부를 더해) 한국어 공부도 열심히 하고 유학시험에 합격해서 올해 3월에 한국에 왔다. 유학생활은 힘든 것도 많지만 한국에서만 배울 수 있는 한국어나 한국문화에 대해 알게 되어 무척 의미가 있는 것이라고 생각하고 있다. 벌써 유학생활도 반이 지나갔다. 남은 유학생활도 꿈을 이루기 위해서 열심히 할 생각이다.

학습자01의 세 문단 쓰기 사례 실제 텍스트 전사 내용<3단계>

이 학습자는 제시된 문형과 예문을 보면서 <1단계> 구성을 거쳐 <2단계>에서 6개의 글쓰기를 수행하였다. 5급 수업이 진행되는 과정 중 3/4 정도 수순을 상대적으로는 중간 수준을, 절대적으로는 중상위 수준으로 판단되는 일본인 학습자였다. 학습자는 5번 글쓰기를 활용하여 [7-1], [7-2], [7-3]의 글을 작성하였다. <2단계>에서 작성한 5번 글이 곧 [7-1]이 되었다. 그것은 하나의 부분으로 삼아 [7-2], [7-3]

의 부분을 만든 것이다. 이미 세 문장 쓰기 교수의 목적은 학습자가 작성한 [7-1], [7-2], [7-3]으로 이미 충분히 달성했다. 그런데 이 학습자는 다음 단계로 확장시켜 이미 작성한 내용을 바탕으로 매우 바람직한 긴 글을 작성하였다. 세 개의 문장을 만들고 엮어가면서 주제를 분명하게 정할 수 있었기에 글의 응집성이 확보된, 아주 명확하게 드러나는 하나의 글을 완성할 수 있게 된 것이다. 문장은 어느 정도 수준에서 만족할 만큼 교정되었으며 남자친구와의 일화, 연애에 대한 이야기와 함께 한국어와 한국문화에 대한 의미를 더해서 조금 더 풍성해진 상태로 글을 마무리 짓고 있다. 다음 학습자가 작성한 글을 보자.

[1-1] 한자는 우리 나라 세계적으로 자랑할 수 있는 것이다.
[1-2] 한자는 우리 조상들이 지혜를 살려서 만드는 소중한 문자이다.
[1-3] 한자는 천여 년의 역사를 흘러 오고 아직도 중국 사람의 일상생활 중에 중요한 역할을 하고 있다.

[2-1] 유아 과정에서 가르치는 것을 필요할 뿐만 아니라 아이가 직접 탐색하고 배우는 것도 필요하다.
[2-2] 완전 책으로 공부하는 것보다 아이들이 직접 탐색하고 얻는 경험을 더 오랫동안 기억에 남을 수 있기 때문이다.
[2-3] 아이들이 혼자 탐색할 때 뜻밖의 지식을 얻을 수도 있다.

[3-1] 신화는 한국의 최장수 남자 그룹이라고 할 수 있다.
[3-2] 사람들이 나이가 먹으면서 변하는 것도 있긴 있는데 변하지 않는 것도 많다.
[3-3] 신화 멤버들이 변하지 않은 우정을 지키고 있어서 이렇게 오래오래 활동하고 사랑을 받을 수 있는 것이다.

[4-1] 동화책에 의하면 도깨비는 못생기는 반면에 마음씨 곱다.
[4-2] 도깨비는 몽둥이를 들고 사람에게 행복을 가져갈 수도 있다.
[4-3] 여러분 옆에 도깨비가 있을지도 모르겠다.

[5-1] 저승사자라고 하면 보통 쓸쓸한 느낌을 든다.
[5-2] 그런데 드라마 "도깨비"중에 저승사자를 역한 이동욱은 사람한테 전에 있던 저승사자의 이미지와 달리 귀엽고 착한 저승사자를 보여 주었다.
[5-3] 이런 저승사자를 좋아할 수밖에 없다.

[6-1] 한국사람을 치면 핸드폰 빨리 바꾸는 편이다.
[6-2] 이것은 한국사람들이 신상품을 추구하는 심리를 있기 때문이다.
[6-3] 사람들이 새로운 것을 좋아하기 마련이지만 이성적으로 생각하고 소비하는 게 더 낫다.

학습자02의 세 문장 쓰기 사례 실제 텍스트 전사 내용 <2단계>

이 학습자는 [1]과 [2] 그리고 [4]와 [5]가 각각 상호 관련된 글쓰기를 수행하였다. 세 문장 쓰기를 통해서 세 개의 문장을 엮어가면서 동일한 주제를 연쇄적으로 이어 나간 것이다.

[7-1] 우리나라가 세계적으로 자랑할 수 있는 것은 한자를 빼놓을 수 없다. 한자는 우리 조상들이 지혜를 살려서 만드는 소중한 문자이다. 한자는 천 여년의 역사를 흘러 오고 아직도 중국 사람들의 일상생활 중에 중요한 역할을 하고 있다.
[7-2] 한자는 한글과 달이 표의 분자에 속하기 때문에 발음만 알면 글자를 어떻게 쓰는지 알 수 없다. 초기의 한자는 주로 상형문자이다. 한자의 발전함에 따라 지금 일상생활 속에 살고 있는 중국어로 변화해 왔다.
[7-3] 디지털 시대로 들어간 후 문자 기록 방식의 혁명도 따라왔다. 컴퓨터로 문서를 작성할 때 손으로 직접 쓰는 것보다 일하는 효율이 훨씬 높기 때문에 사람들이 컴퓨터를 애용하기 마련이다. 이렇게 일을 더 빠르게 처리하는 반면에 새로운 문제도 생겼다.

 문자는 한 나라나 민족의 영혼이라고 해도 과언이 아니다. 세계적으로 말하면 언어가 약 6000 여 종에 달하지만 문자로 기록할 수 있는 언어는 겨우 3000여 종에 불과하다. 이런 상황에서 문자의 중요성을 아무리 강조해도 지나치지 않는다.
 문자를 통해서 우리는 조상들의 삶과 생각, 지혜와 문화를 물려받고 새로운 문화를 창조하기도 한다. 문자로 치자면 세계적으로 자랑할 수 있는 한자를 빼놓을 수 없다. 한자는 우리 조상들이 지혜를 살려서 만드는 소중한 문화유산이다. 문자 기록 있는 상나라 문헌에 의하면 한자는 3천 여년의 역사를 흘러 오고 아직도 중국 사람들의 일상생활 속에 중요한 역할을 하고 있다. 초기의 한자는 주로 상형문자이며 한자의 발전함에 따라 지금 쓰고 있는 중국어로 변화해 왔다. 그런데 지금 '한자 위기'가 나타난다.

‘한자 위기’란 컴퓨터를 자주 사용하는 바람에 사람들이 한자의 대략적인 모양만 알고 글자를 정확하게 쓰지 못하는 중국 특유한 현상이다. 디지털 시대로 들어간 후 문자 기록 방식의 혁명도 따라 온다. 컴퓨터로 문서를 작성할 때 손으로 직접 쓰는 것보다 일하는 효율이 훨씬 높기 때문에 사람들이 컴퓨터를 애용하기 마련이다. 이렇게 일을 더 빠르게 처리할 수 있는 반면에 새로운 문제도 생긴다. 한자는 한글과 달리 표의 문자에 속하기 때문에 발음만 알면 글자를 어떻게 쓰는지 알 수가 없다. 그래서 컴퓨터를 많이 사용하면 발음만 기억하고 문자를 쓰지 못하는 컴퓨터 신문맹이 종종 많아지고 있다.

컴퓨터 세대의 신문맹화 현상이 없어지기 위해 모두 노력해야 한다. 예를 들어 정부가 한자의 날을 지정하거나 한자에 관한 중요성을 고취시키는 활동 등을 하면 좋겠다고 생각한다. 학교 교육 중에도 한자의 중요성을 강조하고 학생들이 한자를 정확하게 잘 쓸 수 있도록 가르쳐야 한다. 우리 나라의 문자는 우리가 지켜야 하고, 앞으로도 한자를 잘 살려서 우리 민족의 문화를 잘 전승할 수 있도록 노력해야 한다!

학습자02의 세 문장 쓰기 사례 실제 텍스트 전사 내용 <3단계>

그리고 이 학습자는 <2단계>에서 수행한 1번 글쓰기를 [7-1], [7-1], [7-3]으로 그대로 가져오지 않고 수정 보완, 확장하는 글쓰기를 수행해 주었다. 이 학습자는 5급 수업이 진행되는 과정 중 3/4 정도 수순을 상대적으로는 월등한 수준을, 절대적으로도 최상위 수준으로 판단되는 중국인 학습자였다.

학습자는 이후 [7-1], [7-2], [7-3]의 글을 기반으로 하여 매우 깊이 있는 수준의 글을 작성하였다. 학습자의 능력이 뛰어나기도 하였으나 이는 세 개의 문장을 만들고 엮어가도록 유도된 글쓰기 안에서 최고치의 능력이 발휘된 것으로 판단할 수 있다.

간단정리

1. 문형에 대한 설명적 제시는 그것과 결속되는 단어로부터 시작하여 이들이 어떤 형태로, 통사적인 구성을 취하여 앞뒤로 응결하는지를 이해할 수 있게 해 주는 것을 목표로 삼아야 한다.
2. 발신자와 수신자의 관계와 맥락 안에서 이루어지는 주제화와 초점화는 절대적으로 '문맥수의적(context-optionally)'으로 이루어진다.
3. '문법적으로 완전한 문장을 만들어서 상황에 맞는 대화를 구성·구사한다'가 아닌 '상황을 이해하고 그에 맞게 문장을 구사하는 것이 문법적으로 완전한 문장이다'로 인식의 순서가 바뀌어야 한다.
4. 문장의 완전성은 문형보다 이것의 앞뒤로 결합하는, 선행절과 후행절로 구현된, 사고의 펼침에 따라서 결정된다.

13. 읽는 글과 문법

> **생각쪽지**
> 1. 읽기 텍스트가 어떻게 쓰여진 것인지 그 원리에 대해서 생각해 보자.
> 2. 텍스트를 이해하는 데 관여하는 문법적 요소와 구성하는 데에 관여하는 문법적 요소에는 어떤 차이가 있을지 찾아보자.
> 3. 'co-text'와 'con-text'가 어떤 개념인지 찾아보자.

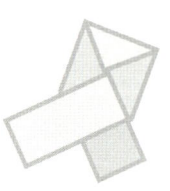

13.1. 문어적 이해로서 문법 1

문어와 문어적 이해 문법의 원리

텍스트를 단순한 문장의 연쇄가 아닌 하나의 의미 있는 텍스트로 존재하게 하는 가장 기본적인 요소는 'co-text: 문법적으로 옳은 문장들이 하나의 단락으로 잘 배열되는 것'이라고 할 수 있다. 물론 'con-text: 단락들이 하나의 통일된 주제로 문맥화되는 것' 없이 이의 존재 가치를 이야기하는 것은 일종의 난센스가 될 터이지만, 어쨌든 하나의 텍스트를 텍스트로 이해가능하게 하는 출발점은 'co-text'여야 한다. 이는 이로부터 'con-text'는 물론 상호텍스트까지 넓혀 나아가는 것이 교육적으로 유리하기 때문이다. 'co-text'의 교육 중점은 다음처럼 정리해 볼 수 있을 것이다.

① 응집력이 확보된 문장 연쇄의 판단 기준은 각각의 단계별로 마련되어야 한다.
② 지금까지의 텍스트에 대한 접근이 텍스트 해석자, 수용자의 측면에서 생산된 텍스트의 형태와 방식에 집중되었다면 교육용 텍스트는 텍스트 해석자, 수용자의 측면에서 생산될 텍스트의 형태와 방식에 집중될 필요가 있다.
③ 그러므로 텍스트는 'co-text'의 측면에서 1차적으로 고려 적용된 후 특정 목적을 달성하기 위해 상세하게 설계되고 가공되는 단계로 넘어가야 한다.

'co-text' 즉 '문장과 단락의 문맥 구성 원리'는 텍스트가 하나의 주제로 초점화되는 방식에 관계하는 요소들의 구성 원리로 이해할 수 있다. 이때 응집성과 응결성 그리고 어휘, 문형, 의도와 맥락이 당연히 복합적으로 관계할 것인데 이들은 선형적(linear)또는 나선형(spiral)적인 이해를 동반해야 한다. 통합관계의 측면에서 선형적 연결 원리와 방식에, 계열 관계의 측면에서 나선형적 연결 원리와 방식을 고려하는 것은 물론 교육 목적 달성을 위한 주제, 기능 간 호응까지 고려해야 할 것이다.

중의성과 응집성

문장이 구성하고 있는 의미란 글쓴이 또는 말하는 이의 의도에 의해서 작성된 내용을 말한다. 이 내용이 명쾌할수록 전달력이 높아진다.

그런데 동일한 단어를 똑같이 사용하면서도 문장이 나타내는 의미는 달라질 수 있다. 이는 단어들의 결속 양상 때문이다. 어떻게 결속시키느냐에 따라서 문장은 명확해지기도 하고 모호해지기도 한다.

호응이 잘되어 있는 문장이란 구성 요소들이 얼마나 유기적으로 연결되어 있느냐에 달려 있다. 그러므로 우리는 직관적으로 일단 잘 읽히는 것, 이상하지 않은 것은 빼고 시작하면 된다.

중의성(重義性) 어떤 하나의 문장이 두 개 이상의 의미로 해석되는 것을 말한다. 중의성은 우리가 흔히 알고 있는 문장 '아버지가방에들어가신다.'나 '오늘밤나무사온다'처럼 띄어쓰기를 하지 않아서 생기는 경우도 있고, '예쁜 언니의 신발'처럼 수식 구조가 모호해서 생기는 경우도 있다. 전자는 '아버지가 방에 들어가다'와 '아버지, 가방에 들어가다'로 해석이 가능하고, '오늘, 밤나무(를) 사오다', '오늘 밤, 나무(를) 사오다', '오늘 밤, 나 무사(나씨 성을 가진 무사(武士))가 오다' 등으로 해석될 수 있다. 후자는 '언니가 예쁘다, 그녀의 신발'일 수도 있고, '언니의 예쁜 신발'이 될 수도 있다. 이처럼 동일한 문장이지만 해석이 여러 개로 될 수 있는 것은 띄어쓰기 또는 문장 수식 구조의 모호성 때문에 보통 발생한다. 이 외에도 의사(義士)와 의사(醫師), 의사(意思)처럼 동철자이의어(同綴字異義語)인 경우에도 발생할 수 있고, 구어(口語)에서 '꽃이[꼬치]'와 '꼬치'처럼 발음이 같아서 생길 수도 있다.

중의성 양상 중의성은 보통 세 가지 이유 때문에 일어나는 것으로 이해하면 쉽다.
1) 띄어쓰기에 의한 중의성: 나비를맞았다 > 내가 비를 맞았다 > 나비를 맞았다.
2) 어휘에 의한 중의성: 잠자리가 어여쁘다, 내 의사랑 관계없다. 말이 많다.
3) 문장 구조에 의한 중의성

띄어쓰기야 말장난을 칠 때나 유용하다. 어휘에 의한 중의성이야 동철자이의어 또는 오용 때문에 발생하는 것이다. 이 두 가지는 무식하게 '패스'하자. 그래도 된다. 우리가 주목해야 할 것은 문장 구조에 의한 중의성이다. 문장은 그 내용이 되는 표현(주체가 되는 주어, 대상이 되는 목적어, 배경이 되는 부사어 따위: 철수는 점심을 학교에서 먹는다.)으로 구성된다. 이들은 - 아주 복잡한 문장(내포문 따위)을 제외하고는 - 문미(文尾에) 위치한 서술어로 수렴되는 구조를 가진다.

이 문장은 다음의 그림처럼 서술어 '먹는다'로 수렴되는 양상을 잘 보여주고 있다.

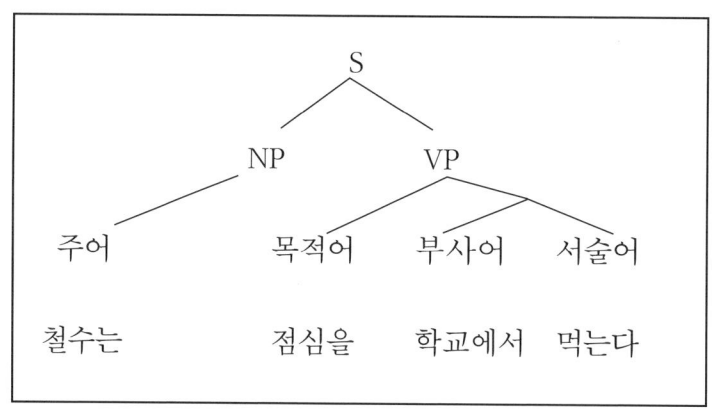

[학교에서 먹는다] > [점심을 [학교에서 먹는다]] > [철수는 [점심을 [학교에서 먹는다]]] 이렇게 문장의 구성 요소를 구분할 수 있다. 이때 사용된 약호는 각각 Sentence문장, Noun Phrase명사구(절), Verb Phrase동사구(절)/서술절 등을 나타낸다. 더 알아봐야 골치만 아프다. 문장을 나무 모양으로 이렇게 나타내는 것을 수형도라고 한다. 여기까지만 일단 이해하자.

문장 구조를 잘 보자. 그 연결선에 따라서 서로 다른 해석을 할 수도 있다는 것이 느껴지는가? 다음 문장을 보자.

왼쪽은 '동생의 가방이 어여쁜 것'이고, 오른쪽은 '동생이 어여쁘다'는 것을 의미한다. 이처럼 수식의 관계가 여러 개로 해석되는 문장은 중의적 문장이 된다. 좋지 않다. 그런데 다음 문장은 어떠한가?

(1) 가. 사람들이 다 오지 않았다.
   나. 우리 철수는 수학은 잘한다.
   다. 우리 선생님은 호랑이다.

부정 때문에, 보조사 때문에, 비유 때문에 중의성이 생겼다. 사람들이 모두 안 왔을 수도 있고, 몇 명은 왔을 수도 있다. 철수는 수학 말고 다른 것은 다 못한다는 의미도 된다. 선생님이 호랑이를 닮았을 수도 있고, 호랑이처럼 무서울 수도 있다.

응집성 응집(凝集)성이란 글을 구성하는 요소들이 서로 잘 호응(呼應)하면서 군집(群集)되는 것으로 이해하면 쉽다. 글을 이루는 요소라는 것은 결국 중심 주제를 잘 드러내기 위해서 존재한다. 응집성은 중심 주제와 이를 뒷받침하는 내용들이 적절하게 연결되었는지를 평가할 때 유용한 개념이다. 글에 쓰인 것들(문장과 문단)이 문법적으로 또는 논리적, 문맥적으로 적절하고 적합하게 연결되는 것, 핵심 표현들이 반복적으로 강조되는 단계들은 모두 응집성의 측면에서 해석할 수 있다. 다음 글을 보자.

언어 교사가 알아야 할 것은 예비 교사의 기대치를 훨씬 뛰어넘는다.
그러하기에 안다는 것에 대한 믿음의 상실이 주는 아픔은 꽤나 크다.

매번 바뀌는 학습자의 구성 양상에 따라서 탄력적·경험적·직관적으로 교실 현장을 운영해야 하는 운영자로서 교사의 능력과 책무 사이의 괴리는 사뭇 넓다.

교사는 자신이 알고 있는 사실에 대한 믿음의 수준을 높여야 한다. 사실은 지식의 양과, 믿음은 지식의 적확한 운영과 비례하기 마련이다. 지식은 공들여 쌓아야 하고 공들여 쌓은 지식은 상황에 맞게 제공되어야 한다.

능력 있는 교사와 능력 없는 교사를 나누는 잣대는 '적당한 정보를 적확하게 제공하는 능력'에 달려 있다. 늘 새로운 정보를 학습자에게 제시할 방안을 연구하는 교사는 그 자신감이 남다를 수밖에 없다.

자신에 대한 믿음을 크고 굳건하게 만드는 방법은 생각보다 가까이에 있다.

〈한국어 교실 수업의 원리와 실제, 소통, 2020〉

어떤가? 글쓴이가 하고자 하는 말이 무슨 말인지 명확한가? 이 글은 문제점을 '그러하기에'로 연결하고, '꽤나 큰 아픔'을 '괴리'로 연결시키고 있다. 그리고 이의 해결책으로 '믿음의 수준 높이기'와 이의 방법을 '지식의 양', '지식의 적확한 운영'으로 연달아 제안하고 있다. 그리고 생각보다 가까이에 있다는 추상적인 단정으로 읽는 이를 끊임없이 긴장시키고 있다.

응집성이란 이처럼 하고자 하는 말들의 요소가 끊임없이 서로 연결되면서 독자의 호흡을 유지시키는 방법이라고 할 수 있다.

사실 우리는 응집성에 대해서 따로 공부하지 않아도 본능적으로 이상한 연결을 파악할 수 있는 능력을 가지고 있다. 만화책을 보다가 배경이 적절하게 안배되지 않은 한 페이지가 나온다면 잘 읽어가다가도 멈칫 멈추지 않겠는가? 그때까지 배경을 한 번도 눈여겨보지 않았어도 말이다. 글도 이와 같다. 연습이 안 되었을 뿐, 우리는 안다. 알 수 있다.

읽어야 할 텍스트와 문법

'문장과 단락의 문맥 구성 원리'의 측면에서 보자면 텍스트를 활용한 언어 교육은 문장의 구성과 문장 간 연결이 주제와 초점 그리고 테마(theme)와 레마(rheme)로 단선 없이 이어지는 교수학습이 이루어져야 하는 것으로 볼 수 있다. 학습자들은 이를 통해서 적절한 대치와 반복의 기술을 습득할 수 있게 될 것이다.

이 지점에서 기존에 있는 텍스트를 어떻게 교육적으로 잘 활용할 것인가는 매우 중요해진다. 그런데 이때에도 교육용으로 개작(adaptation, 改作)하는 기준이 필요한 만큼 교육용 텍스트를 어떻게 제작할 것인가에 대한 기준과 방식을 마련하는 것 역시 매우 중요한 명제가 된다. 텍스트를 이용한 교육은 다양한 방식으로 진행될 수 있지만 초급, 중급 단계의 학습자들에게는 내용보다 언어의 기능적 측면이 교육의 중점이 될 수 있으므로 교육에 활용되는 모든 텍스트는 역시 이러한 전제를 충족시켜 줄 수 있어야 한다.

문어 이해 문법의 실현 방식 'con-text' 흔히 '문맥'으로 번역되곤 하는 이것은 언어교육의 측면에서 보자면 내용의 배열로부터 시작된다고 할 수 있다. 이는 교육적 텍스트가 담고 있는 다양한 정보(기능적 측면)와 내용에 관여하기 때문에 상호텍스트성, 정보성, 의도성, 용인성, 상황성에서 시작하여 응집성, 응결성으로 하향 사상(mapping, 寫像)되는 방식으로 이해해야 한다.

→ 'con-text'에서 'co-text'로 사상되며 이해되어야 하는 것이다.

이때 'con-text' 즉 '단락 간 주제화 문맥의 원리'는 흔히 텍스트가 함의/내포하고 있는 다양한 문맥을 포함하고 있다고 보기 때문에 교육적으로 이들을 그대로 수용하고자 하는 경향을 보이기 쉬운데, 이는 외국어 또는 제2 언어로 한 목표어를 학습하는 단계에 대한 이해가 부족하기 때문이다. 다음을 보자.

〈표 11〉 한국어교육에서의 학습자 수준과 텍스트 적용별 학습자 수준 비교

기존 학습 단계 구분			텍스트 적용별 학습자 수준
1급	초급	시작 단계	co-text ↘
		중반 전 단계	
		중반 후 단계	
		끝 단계	con-text
2급		시작 단계	co-text ↘
		중반 전 단계	
		중반 후 단계	
		끝 단계	con-text
3급	중급	상동	con-text ══ co-text
4급			
5급	고급		con-text ↘
6급			co-text

　흔히 한국어교육에서 구분하는 것처럼 학습자 수준을 1급, 2급, 3급 등으로 나누는 것에서 더 나아가서 한 급의 시작, 중반 앞, 중반 뒤, 종결 단계처럼 보다 미세한 단계로 나누어서 텍스트가 교수학습되는 환경을 고려해야 한다.
　이러한 측면에서 교육적 텍스트를 선정/제작하여 배열하고 이 안에서 텍스트를 활용하거나, 텍스트가 그 자체로 교육의 내용이 되든지를 결정해야 하는 것이다.

　초급: '문장과 단락의 문맥 구성 원리: co-text'를 교수학습의 중점에 두고 '단락 간 주제화 문맥의 원리: con-text'로 확장하는 교육을 수행하는 것으로 이해해야 함.

　중급: '단락 간 주제화 문맥의 원리'에서 시작하여 '문장과 단락의 문맥 구성 원리'로 학습 중점을 두는 방식으로 교수학습해 나아가되 이들이 등가의 가치를 갖도록 교육 중점을 편제하는 것으로 이해해야 함.

고급: '단락 간 주제화 문맥의 원리' 측면에서 교육적으로 접근되면서 '문장과 단락의 문맥 구성 원리'를 세밀하게 강화해 나아가는 방식으로 교육의 중점을 이해해야 함.

이해 문법과 그 교육에 대한 일반적인 인식과 그 전제/배경

1) 문법교육이 지향하는 핵심 구성단위로서 학습 문형
2) 문형과 연결되는 어휘 목록: 이때 시소러스 개념이 적용되어야 한다.
3) 이들이 쓰이는 상황: 주제화 구성이 되어야 한다.

이때 구성된 교육 요소들은 문법 교육이 지향하는 교육의 운용 측면에서 상호 비교되며 교육 활용도를 높일 수 있어야 한다. 그리고 이의 운영 방식, 운용법을 제시해 주어야 한다. 교육 조건을 충족시키는 단계별 교육 내용과 교수법에 대한 상세한 정리는 물론 현장에서 직접 활용 가능한 교육 자료까지 제공해 줄 수 있어야 하는 것이다.

간단정리

1. 텍스트를 단순한 문장의 연쇄가 아닌 하나의 의미 있는 텍스트로 존재하게 하는 가장 기본적인 요소는 'co-text'이고 이를 'con-text'로 확장해 가는 것이 읽기의 문법이다.
2. 초급 읽기 단계에서 문법은 '문장과 단락의 문맥 구성 원리: co-text'를 교수학습의 중점에 두고 '단락 간 주제화 문맥의 원리: con-text'로 확장하는 교육을 수행하는 것에 적용된다.
3. 중급 읽기 단계에서 문법은 '단락 간 주제화 문맥의 원리'에서 시작하여 '문장과 단락의 문맥 구성 원리'로 학습 중점을 두는 방식으로 교수학습해 나아가되 이들이 등가의 가치를 갖도록 교육 중점을 편제하는 것으로 이해해야 하는 것에 적용된다.
4. 고급 읽기 단계에서 이해 문법은 '단락 간 주제화 문맥의 원리' 측면에서 교육적으로 접근되면서 '문장과 단락의 문맥 구성 원리'를 세밀하게 강화해 나아가는 방식으로 교육의 중점을 이해해야 하는 데에 적용된다.

13. 읽는 글과 문법

> **생각쪽지**
>
> 1. 텍스트 하나를 선정하고 문단 하나를 골라 그것에 관여하는 문법적 표지들을 정리해 보자.
> 2. 자신이 정리한 문법적 표지들이 텍스트 장르에 따라서 달라질 수 있을지 생각해 보자.
> 3. 하나의 텍스트를 가르치기 위해서 어떤 지식이 필요하고, 문법은 어떤 수준에서 작용하는지 생각해 보자.

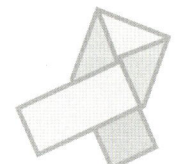

13.2. 문어적 이해로서 문법 2

읽기 문법의 쟁점

앞 절의 말미에 짧게 언급했던 것인데, 문법과 그 교육에 대한 일반적인 인식은 보통 다음과 같은 전제·배경하에 논의가 전개되는 양상을 보인다고 할 수 있다. 조금 더 세밀하게 살펴 보자.

1) 문법교육이 지향하는 핵심 구성단위로서 학습 문형을 정리해야 한다.
2) 문형과 연결되는 어휘 목록을 갖춰야 한다. 이때 시소러스 개념이 적용되어야 한다.
3) 이들이 쓰이는 상황으로 주제화 구성이 되어야 한다.
4) 구성된 교육 요소들은 문법 교육이 지향하는 교육의 운용 측면에서 상호 비교되며 교육 활용도를 높일 수 있어야 한다.
5) 이때 이의 운영 방식, 운용법을 제시해 주어야 한다. 한국어 교원이 문화, 역사, 문학, 어학, 어법 전체를 이해하고 교육적으로 필요한 방법 모두를 이해할 수는 없다. 교원의 역할은 정리된 교육 내용과 방식을 이해하고 전달할 수 있는 능력을 갖추는 데에 집중되어야 한다.
6) 그러므로 교육 조건을 충족시키는 단계별 교육 내용과 교수법에 대한 성세한 정리는 물론 현장에서 직접 활용 가능한 교육 자료까지 제공해 줄 수 있어야 한다. 교육 단위별로 저마다 적절한 동영상, 실물, 그림, ppt 등이 적용되어야 하고 이의 적절성을 현장의 교원 능력에만 기대는 것은 무책임하다.

이러한 인식은 지금과 같이 앞으로도 의미 있을 것이다. 그런데 여러분들이 지금까지 읽어왔듯 이에서는 조금 다른 주장을 펼쳐왔다. 한국어 문법이 교육적으로 중점화되는 원리와 방식을 이야기하기 위해서 '문법교육'이 아닌 '교육문법'을 중점에 두고 논의해 온 것이다. 교육문법은 기존의 이론을 부정하자는 것이 아니라 이들과 다른 층위에서 새로운 모색을 시도하고자 한 것이다.

이제 앞서 제안한 '듣기 교육문법', '말하기 교육문법', '읽기 교육문법', '쓰기 교육문법'중에서 '읽기 교육문법'의 구체적인 교육 내용과 그 교수법을 간단하게나마 교육 원리의 측면에서 모색해 보기로 하자.

조형일(2017)에서는 그 시점까지 이루어지던, 한국어 문법교육 측면에서 텍스트의 언어교육적 수용 관련 논의의 양상을 다음처럼 정리한 바 있다.

- 학습자가 텍스트를 구성하는 문법 표현의 의미 기능을 이해하는 데에 초점을 둔다.
- 문법적인 교육의 한 목표를 달성해 내기 위한 질료의 수준으로 텍스트를 활용한다.
- 텍스트의 응결성(cohesion)에 집중되며 더러 응집성(coherence)까지 확장하여 교육의 질료로 수용하는 경향을 보인다.

이러한 수용의 방향성은 텍스트에 관계된 언어교육의 요소를 고려하여 재고될 필요가 있다. 다음을 보자.

〈표 12〉 읽기 텍스트의 언어교육 내 구현/적용 고려 양상

텍스트 유형과 기능		학습 단계, 학습 목적과 그 관계 요소		
설명적 텍스트	중심 내용 이해하기 주장하기 분석/분류/대조	초급 중급 고급	일반 목적	어휘
정의적 텍스트			학문 목적	문법
친교-정서 텍스트			근로 목적	내용
주장적 텍스트			이주 목적	용법/기능

<표1>을 통해서 우리는 언어교육으로 포함되는 텍스트의 유형과 기능이 학습자의 학습 단계와 목적, 그리고 언어 교육 현장에서 교수학습되는 수행에 직접 관계되는 어휘와 문법(수준), 내용, 기능 들을 복합적으로 고려되어야 함을 판단할 수 있다.

이처럼 텍스트를 교육적으로 활용하기 위해서는 언어교육적으로 텍스트를 바라보는 원리와 방식에 대한 정의와 함께 수준과 목적, 교수학습에 관계되는 요소들에 대한 이해가 전제된 교육적 적용 연구가 필요하다고 할 수 있다.

따라서 이와 같은 배경에서 텍스트를 교육의 대상으로 삼을 때에는 다음과 같이 논의를 쟁점화시켜 제안해 볼 수 있다.

1) 한국어교육에 필요한, 다양한 교육 요소를 충실히 반영할 수 있는 '문장과 단락의 문맥 구성 원리(co-text)'의 정의와 기준, 그리고 기술의 원리와 방식에 대한 정리가 필요하다.
2) '단락 간 주제화 문맥의 원리(con-text)'의 측면에서 연결 가능한 텍스트를 규정하고 이들을 난도에 따라 판단할 수 있는 규준을 마련해야 한다.

담화 텍스트의 상황에서 보자면 하나의 문장이 하나의 문맥을 의미하기도 하지만 일반적으로 생산되는 문장은, 의미를 중점에 두고 화용적 또는 담화적 조건들을 충족시키면서 연쇄되며 생산자가 의도하는 생각의 단위로 확장 또는 축소되며 구성된다.

우리는 이를 보통 응결(cohesion)과 응집(coherence)의 측면에서 살펴보게 되는데, 사실 그보다 조금 상위의 단계 즉 문장이 지향하는 단락 측면으로 문제의식을 이동시켜 집중할 필요가 있다.

하나의 문장이든지 둘 이상의 문장이든지 간에 생산자(화자, 또는 발신자)는 자신이 구사할 수 있는 언어 능력의 범위 내에서, 자신에게 익숙한, 아주 기본적인 수준의 요소들로 구축된 문장으로 자신이 의도하는 맥락의 출발점을 삼게 될 것이다.

그렇게 하나의 문장은 의도의 접점(anchor)으로 기능하게 되고 접점이 연결되는 방식에 따라서 문장의 연쇄는 저마다의 기능(function)을 내재한 채 화자가 의도하는 문맥을 구축하기 위한 방향성을 갖게 되는 것이다.

따라서 접점이 되는 문장으로부터 문장과 단락의 문맥 구성 원리(co-text)를 파악하여 교육의 단위를 명확하게 세울 필요가 있다. 이것은 상향식(bottom-up)으로 볼 수 있을 것인데, 우리는 이에서 더 나아가서 하나의 주제 측면에서 하향식(top-down)으로 문장을 다시 수렴시킬 필요가 있다. 다시 말해서 주제로 수렴되는 단락의 구성 원리를 분석하여 교육의 단위로 텍스트를 재정렬할 필요가 있는 것이다.

문법의 읽기 텍스트 적용 양상

〈표 13〉 초급 텍스트 구성의 일례

여기는 어디입니까?	여기는 서울입니다. 학교입니다. 교실입니다.
밍저 씨는 지금 어디에 갑니까?	밍저 씨는 지금 학교에 갑니다.
밍저 씨는 학교에서 무엇을 합니까?	밍저 씨는 학교에서 공부를 합니다.
무슨 공부를 합니까?	한국어를 공부합니다.
한국어 공부는 재미있습니까?	네, 한국어 공부는 아주 재미있습니다.

우리는 이에서 초급의 경우 '여기는 어디'+'-입니까?/입니다'의 교육 요소부터 '아주+A ㅂ니다/습니다'의 교육 요소를 교수학습하려는 경우 co-text를 고려하여 대응쌍으로 제시된 텍스트들이 앞서 제시된 표현들을 반복적으로 보여주고 있음을 확인할 수 있다. 그리고 학교에서 한국어 공부를 아주 재미있게 하고 있는 일련의 상황 안에서 텍스트의 연쇄성을 잘 반영하고 있다는 것 역시 확인할 수 있다.

이 정도 내용은 초급1 단계의 1-3과 또는 5과 내에서 교수학습되는 수준이다. 이후의 단원들은 밍저 씨와 그 주변 인물들이 학교 내에서 함께 한국어를 학습하면서 마주하게 되는 상황들을 고려하여 교육용 텍스트를 배열하게 된다. 이것이 바로 co-text로부터 시작하여 con-text를 고려하는 방식이 된다.

중급의 경우에는 문법적 요소들이 전면에 배치되기보다 담화 텍스트의 상황에 전면에 배치되면서 상황에 대한 이해를 교수학습의 목표로 삼고 문법적 요소들은 그 이해의 정밀화를 위해 교수학습되는 방식이 되어야 한다.

고급의 경우에는 전적으로 담화 텍스트의 상황에 교육 중점을 두고 학습자들이 여러 과제를 스스로 해결해 나아가는 방식으로 교수학습이 이루어져야 할 것이다.

한국어 교육문법에 대한 구체적 인식의 전제

언어 기능을 중점 혹은 목적 또는 배경으로 두는 '교육문법'은 다음과 같이 언어/한국어교육에 대한 하나의 성찰을 전제로 한다.

국어(한 나라의 모국어이자 체제 유지를 위한 제1 언어를 다루는) 교과는 '논리적 언어 구성과 사용 능력의 함양을 통한 논리력 향상'과 같은 맥락 안에서 탐구 능력, 이해 능력 등을 향상시키기 위한 교육 제재로서 이해된다. 국어교육의 추상적 교육 지향점은 그래서, 비록 세밀한 접근에 대한 수많은 이견이 존재한다고 할지라도, 결국 전인교육-시민교육을 목적으로 둔 올바른 국민 육성에 있다고 할 수 있다. 그런데 한국어교육의 추상적 지향점은 같지 않다. 굳이 인간상을 대입해 본대도 한국어로 의사소통이 가능한 인간의 육성 정도에 지나지 않을 것이다. 한국어로 의사소통이 가능한 수준이 담보해야 할 언어능력을 '어휘력, 문법 능력, 문장 구성과 이해 능력, 담화 능력, 텍스트 구성과 이해 능력, 문화에 대한 이해 능력 등'이라고 구분할 때, '교육문법'은 이들을 거의 유일하게 하나의 일관된 체계 안에서 축(anchor)이자 접점(node)으로 설명·적용할 수 있는 개념이라고 할 수 있을 것이다.

그런데 교육의 대상과 목적이 다른 국어와 한국어가, 서로 다른 지향점에도 불구하고, 많은 부분에서 크게 다르지 않을 것이라는 막연한 희망을 전제로 한 연구 결과가 심심치 않게 보인다. 이것은 국어와 한국어가 공유할 수 있는 부분인 문법적 성찰에 대한 연구가 보다 심도 깊게 논의되어야 할 이유이기도 한데, 이러한 관점은 의사소통 중심의 언어교육관에서 문법이 단순한 질료 취급을 당하는 것이 당연한 결과로 귀속된다는 것을 시사해 주기에 충분한 이유가 되기도 한다. 이는 다른 것을 인지하면서도 왜 달라야 하는지를 한국어교육의 '문법교육'에서 충분히 깊게 논의하지 못하고 있기 때문이다.

적어도 '문법교육'이라는 이름으로 연구를 이어가려면 형태, 어휘, 통사, 텍스트, 담화 구조 안에서 문법의 자격을 논의하는 것에 우선하여, 문법의 '필요, 순서,

역할, 연계, 영향'을 고려해야 하는데 우리는 아직 이를 상세하게 인식하지 못하고 있는 것이다. 하지만 문법교육에 대한 인식의 천착에도 불구하고 한국어교육은 이미 문법이 핵어화[36]된 교육을 하고 있다. 개념 중심이든, 상황 중심이든 모든 교재는 발음과 문형과 어휘를 교육의 핵심 단위로 삼고 있으며 이를 중점에 두고 듣기·말하기·읽기·쓰기 등의 기능 영역으로 확장된 교육 단계를 설정해 놓고 있다. 물론 기능 영역에서 배워야 할 내용은 표면적으로 전혀 문법과 관련되지 않은 내용이나 전략일 수 있다. 그런데 그것을 수행해야 할 학습자의 수준과 입장으로 고려한다면 문법이 다시 중요한 도구가 된다는 것을 부정할 수 없다.

간단정리

1. 언어교육으로 포함되는 텍스트의 유형과 기능 측면에서는, 학습자의 학습 단계와 목적 그리고 언어 교육 현장에서 교수학습되는 수행에 직접 관계되는 어휘와 문법(수준), 내용, 기능 들을 복합적으로 고려할 수 있어야 한다.
2. 담화 텍스트 측면에서는 하나의 문장이 하나의 문맥을 의미하기도 하지만 일반적으로 생산되는 문장은, 의미를 중점에 두고 화용적 또는 담화적 조건들을 충족시키면서 연쇄되며 생산자가 의도하는 생각의 단위로 확장 또는 축소되며 구성된다.
3. 읽기 텍스트에서는 문법적 요소와 담화 텍스트의 상황에 대한 경중의 적용이 단계적으로 달라질 수 있다.
4. 문어적 이해로서 문법을 바라볼 때에는 읽기의 문법교육이 아닌 읽기의 교육문법에 대한 이해가 중요하다.

---

[36] 문법적 요소가 다른 교육적 요소를 핵어(head)적으로 이끈다는 생각을 나타낸다.

참고 문헌

직접 그리고 크게 인용된 논저 (비중/인용차례순)

조형일(2017), (한국어 교육자를 위한) 한국 어문 규범, 박이정.
조형일(2012, 2015, 2020), 한국어 교실 수업의 원리와 실제, 소통.
조형일(2010), 시소러스 기반 한국어 어휘 교육 연구, 서울대학교 박사학위 논문.
조형일(2008), 한국어 內包文 用語 體系 再考, 새국어교육 78, pp. 343-362.
조형일(2008), 학교문법에서의 보어 범주 재고, 국어교육연구 21, pp. 225-245.
조형일(2016), 수행 측면에서 바라본 한국어 말하기 교육의 원리 탐색, 국어교육 152, pp. 401-422.
조형일(2016), 한국어 듣기 교육의 목표와 방법 일고(一考), 국어국문학 174, pp. 99-122.
조형일·송지언(2017), 한국어 학습자의 쓰기 능력 향상을 위한 '세 문장 쓰기' 교육 방안 연구, 새국어교육 113, pp. 163-194.
조형일(2019), 외국인 학습자의 '쓰기 교육문법' 논의, 한국작문학회 제48회 가을학술대회 발표자료집, 한국작문학회.
송지언·조형일(2017), 한국어 쓰기 교육을 위한 '세 문장 쓰기' 과제 개발 연구 -한국어 교재 분석을 바탕으로-, 국어국문학 180, pp. 221-255.
심상민(2013), 한국어 쓰기 교육에서의 문법의 개편과 역할, 선청어문, 40, pp. 827-845.
조형일(2011), 읽기에서의 어휘 시소러스(thesaurus)의 응용, 국어교육학연구 41, pp. 195-214.
조형일(2019), 한국어 표현·이해 맥락과 장르 중심 문법 교육, 한국문법교육학회 제30차 전국학술대회 발표자료집, 한국문법교육학회.
조형일(2018), 의사소통 기반 한국어 문법교육 연구 시론, 한글학회 학술대회 자료집, 한글학회(세종공주지회).
조형일(2017), 한국어교육에서 텍스트 정체성 일고, 한성어문학 37집.

간접적으로 인용된 논저

권미정(1994), 「언어 숙달도(Language Proficiency)를 위한 듣기 교육」, 『한국어교육』 Vol. 5, 국제한국어교육학회, 175~197쪽.
박선옥(1999), 「외국인을 대상으로 하는 효과적인 한국어 듣기 교육에 대한 연구」, 국제한국어교육학회 제9차 국제학술회의, 국제한국어교육학회, 153~171쪽.
오선경(2007), 「학문 목적의 한국어 듣기 교육을 위한 강의 담화 분석」, 『한국어교육』 Vol. 18 No. 2, 국제한국어교육학회, 199~220쪽.
이미향(2014), 「듣기 연구사」, 『한국어교육학사전』, 서울대학교 국어 교육 연구소, 1070~1071쪽.
이해영(1999), 「한국어 듣기 교육의 원리와 수업 구성」, 한국어교육 Vol. 10 No. 1, 국제한국어교육학회, 273~294쪽.
정선화(2014), 「한국어 듣기교육 연구의 통시적 고찰」, 『語文論集』 第58輯, 중앙어문학회, 517~553쪽.
지현숙(2009), 「실세계 접근을 통한 학문 목적 한국어 듣기 교재의 설계 방안」, 『우리어문연구』 33집, 우리어문학회, 583~614쪽.

Anderson, A. & T. Lynch(1988), Listening. Oxford University Press.
Brinker, K(1992)., Linguistische Textanalyse, 3. Aufl. Berlin: Erich Schmidt.
Brown, H. Douglas(1994), Principles of language learning and teaching. 3rd edition. Englewood Cliffs, NJ: Prentice Hall Regents.
Canale, M.; Swain, M. (1980). Theoretical bases of communicative approaches to second language teaching and testing. Applied Linguistics (1): 1-47. Retrieved June 27.
Key Hyland(2004), Genre and Second Language Writing, 이수미·이소연 역(2019), '장르와 제2 언어 글쓰기'를 참조.
Rod Ellis(2003), Task-based Language Learning and Teaching, Oxford: Oxford University Press.

사전과 자료집 등속

교육과정 원문 및 해설서(2012), 국어, 국가교육과정정보센터(http://ncic.re.kr).
국제통용 한국어교육 표준모형 개발보고서(2010), 국립국어원.
읽으면서 배우는 한국어 연습(2011), 조형일·김정현, 한국문화사.
유학생을 위한 한국어 토픽 I (2019), 조형일, 북마크.
한국어교육학사전(2014), 서울대학교 국어교육연구소 편, 하우.